儒家经典『四书五经』

◎ 主编 金开诚

◎ 编著 冯 娇

吉林出版集团有限责任公司

吉林文史出版社

图书在版编目（CIP）数据

儒家经典"四书五经" / 冯娇编著. —— 长春：
吉林出版集团有限责任公司.2011.4（2023.4重印）
ISBN 978-7-5463-4995-4

Ⅰ. ①儒… Ⅱ. ①冯… Ⅲ. ①四书②五经 Ⅳ.
①B222.1②Z126.1

中国版本图书馆CIP数据核字(2011)第053412号

儒家经典"四书五经"

RUJIA JINGDIAN SISHUWUJING

主编/ 金开诚 编著/冯 娇

项目负责/崔博华 责任编辑/崔博华 许多娇

责任校对/许多娇 装帧设计/李岩冰 刘冬梅

出版发行/吉林出版集团有限责任公司 吉林文史出版社

地址/长春市福祉大路5788号 邮编/130000

印刷/天津市天玺印务有限公司

版次/2011年4月第1版 印次/2023年4月第5次印刷

开本/660mm×915mm 1/16

印张/9 字数/30千

书号/ISBN 978-7-5463-4995-4

定价/34.80元

前 言

　　文化是一种社会现象，是人类物质文明和精神文明有机融合的产物；同时又是一种历史现象，是社会的历史沉积。当今世界，随着经济全球化进程的加快，人们也越来越重视本民族的文化。我们只有加强对本民族文化的继承和创新，才能更好地弘扬民族精神，增强民族凝聚力。历史经验告诉我们，任何一个民族要想屹立于世界民族之林，必须具有自尊、自信、自强的民族意识。文化是维系一个民族生存和发展的强大动力。一个民族的存在依赖文化，文化的解体就是一个民族的消亡。

　　随着我国综合国力的日益强大，广大民众对重塑民族自尊心和自豪感的愿望日益迫切。作为民族大家庭中的一员，将源远流长、博大精深的中国文化继承并传播给广大群众，特别是青年一代，是我们出版人义不容辞的责任。

　　本套丛书是由吉林文史出版社和吉林出版集团有限责任公司组织国内知名专家学者编写的一套旨在传播中华五千年优秀传统文化，提高全民文化修养的大型知识读本。该书在深入挖掘和整理中华优秀传统文化成果的同时，结合社会发展，注入了时代精神。书中优美生动的文字、简明通俗的语言、图文并茂的形式，把中国文化中的物态文化、制度文化、行为文化、精神文化等知识要点全面展示给读者。点点滴滴的文化知识仿佛颗颗繁星，组成了灿烂辉煌的中国文化的天穹。

　　希望本书能为弘扬中华五千年优秀传统文化、增强各民族团结、构建社会主义和谐社会尽一份绵薄之力，也坚信我们的中华民族一定能够早日实现伟大复兴！

目录

一、"四书五经"概述

以孔子为创始人的儒家学说是中华文化的主干,而"四书五经"则是儒家思想的代表,是中国传统文化的重要组成部分,更是中国历史文化古籍中的宝典。儒家经典"四书五经"包含的内容极其广泛,在世界文化史、思想史上具有极高的地位。"四书五经"详实地记载了中华民族思想文化发展史上最活跃时期的政治、军事、外交、文化等各方面的史实资料及影响中国文化几千年的孔孟重要哲学思想。

"四书五经"中的"四书"是《大学》《中庸》《论语》《孟子》这四部著作的总称。据称"四书"分别出于早期儒家的四位代表性人物曾参、子思、孔子、孟子，所以称为《四子书》(也称《四子》)，简称为《四书》。南宋光宗绍熙元年(1190年)，当时著名理学家朱熹在福建漳州将《大学》《论语》《孟子》《中庸》汇集到一起，作为一套经书刊刻问世。这位儒家大学者认为"先读《大学》，以定其规模；次读《论语》，以定其根本；次读《孟子》，以观其发越；次读《中庸》，以求古人之微妙处"，并曾说"《四子》，

《六经》之阶梯"(《朱子语类》)。朱熹著《四书章句集注》具有划时代意义。汉唐是"五经"时代,宋后是"四书"时代。

"四书五经"中的"五经"是指《周易》《尚书》《诗经》《礼记》《左传》。《周易》,也称《易》《易经》,列儒家经典之首。《周易》是占卜之书,其外层神秘,而内蕴的哲理至深至弘。《尚书》,古时称《书》《书经》,至汉称《尚书》。"尚"便是指"上""上古",该书是古代最早的一部历史文献汇编。《诗经》,先秦称《诗》或《诗三百》,是中国第一本诗歌总集。汇集了从西周初年到春秋中期五百多年的诗歌三百零五篇(原三百十一篇),是西周初至春秋中期的诗歌总集。"三礼"之一的《礼记》,是战国到秦汉年间儒家学者解释说明经书《仪礼》的文章选集,是一部儒

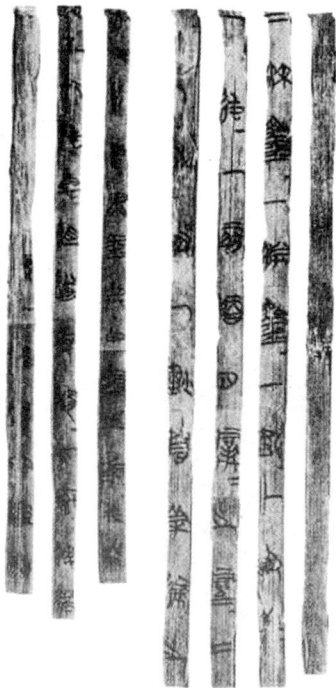

家思想的资料汇编。《左传》，也称《左氏春秋》《春秋古文》《春秋左氏传》，古代编年体历史著作。《左传》本不是儒家经典，但自从它立于学官，后来又附在《春秋》之后，就逐渐被儒者当成经典。

历代科举选仕，试卷命题无他，必出自"四书五经"，足见其对为官从政之道、为人处世之道的重要程度。由于这些因素，使"四书五经"不仅成为了儒学的重要经典，而且也成了每个读书人的必读书，成了直到近代全国统一的标准的教科书。所以，有人把"四书五经"与西方的《圣经》相比，认为它是东方的"圣经"。事实上，无论就其流传的广泛，还是就其对于中国人人格心理塑造影响的深刻来看，这种比拟都是一点也不为过的。"四书五经"是延续中华文化的千古名篇、人类文明的共同遗产。

二、"自天子以至于庶人，壹是皆以修身为本"——《大学》

　　《大学》原是《礼记》中的一篇如何学习修身、治国之道的文章，作于汉初。在汉代尚未引起人们的特别重视，直到唐代韩愈提出儒家道统论，讲"大学之道"，才开始为人们所注意。到了宋代，二程推崇《大学》，把《大学》作为"入德之门"。朱熹进而把《大学》从《礼记》中抽出来，与《中庸》《论语》《孟子》合编在一起，又认为收在礼记中的《大学》

本子有错乱，便把它重新编排了一番，分为"经"和"传"两个部分。其中"经"一章，是孔子的原话，由孔子的学生曾子记录；"传"十章，是曾子对"经"的理解和阐述，由曾子的学生记录。

"大学"就是"大人之学"。"大人"有两种含义：一是指成年之人，可以在社会上立足，因此需要知书明理，通晓人生之道；二是指充实而有光辉的伟大人格，可以在社会上表现道德芳表，修己治人，风动草偃，以平天下为最高目标。这两种含义并不冲突，却有先后顺序。所以《大学》主张："自天子以至于庶人，壹是皆以修身为本。"

旧说《大学》是孔子的学生曾参所作，而曾参又是从孔子那里听来的。所以朱熹作《大学章句》就把这篇文章的第一大段总论分作"经"，说它是"孔子之言而曾子述之"。后边进一步阐述总论的文字分为十小段，它们充当"传"，来解释经文，阐明"经"的意义。并且说："其传十章，曾子之意而门人记之。"由于这样一改动，所以后人称之为《致本大学》，与原始的《古本大学》，在内容上颇有些不同。

总之，《大学》的作者与成书年代不可确考，从内容上看，与先秦孔、孟、荀有思想联系，是对先秦儒家政治哲学的概括，可为儒家政治哲学的代表作。

(一)《大学》中的"三纲八目"

《大学》开宗明义写道："大学之道，在明明德，在亲民，在止于至善。"

"明明德"就是修明天赋的光明德性；"亲民"就是管理好臣民百姓；"止于至善"就是要达到至善至美的境界。这三个基本原则被认为是封建统治者一生努力的方向和奋斗的目标，所以也叫做"三纲"。

《大学》对这种思想内容作了总概括："古之欲明明德于天下者，先治其国；欲治其国者，先齐其家；欲齐其家者，先修其身；欲修其身者，先正其心；欲正其心者，先诚其意；欲诚其意者，先致其知；致知在格物。物格而后知至，知至而后意诚，意诚而后心正，心正而后身修，身修而后家齐，家齐而后国治，国治而后天下平。自天子以至于庶人，壹是皆以修身为本。"

这是说，古代凡是想在天下发扬明德的人，首先必须治理好自己的国家；想治理好自己国家的人，首先必须整顿好自己的家族；想整顿好自己家族的人，首先应该修养好自身；想修养好自己的人，首先必须端正自己的心；想端正自己的人，首先必须使自己意念真诚；想使自己意念真诚的人，

必须首先要获得知识；想要获得知识的人，就在于领悟事物的道理。若是事物的道理领悟了，知识才能获得，意念才能真诚，才能治理好家族，国家才能整顿好，天下才能太平。从天子到庶人，都应该把修身当做根本。

《大学》在这里提出了"格物""致知""诚意""正心""修身""齐家""治国""平天下"八个步骤，也叫做"八条目"。"八条目"是"三纲"的具体化，是实现"三纲"的具体步骤。在这"八条目"中，又以"修身为本"，天子要修身，庶民也要修身；君子要修身，小人也要修身。

修身是基础，是根本，是治国平天下的第一步，只要大家都把身修好了，天下也就太平了。"身"是具体生命的存在，一定落实在人与人的关系上。因此，"修身"所要求的就是在与人交往方面，修养自己的品德。正如《礼记·大学》中说："古好而知其恶，恶而知其美者，天下鲜矣。"

修养品德，首在避免成见，不再以自我为中心的立场对别人预作判断，使人际关系受到扭曲。我们会对哪些人有成见呢？根据《大学》所云，对我们所亲爱的、所贱恶的、所敬畏的、所哀矜的，以及所傲惰的人。如果我们对某人亲近爱护，就会凡事由好的一面去为他设想，而对于我们所厌恶的人，情况就相反了。人的气质各有不同，嗜好兴趣也千差万别，"党同伐异"似乎难以避免。如果加上一些误会，更会造成恶性循环，把天下的恶行劣迹都归诸此人。

我们同样敬畏尊敬一些人，或者同情哀怜一些人。前者出于自卑心理，后者出于自负心理。这两种心理都会影响我们的判断及行动。每一个人都有值得尊敬的优点与值得同情的弱点，我们却往往先入为主，不知道人的生命是动态发展的。如果我们成见太深，见人不明，最后损失的还是自己。此外，我们还会对人傲视怠慢。殊不知人在道德修养方面是完全平等的，一但心存骄傲，自己的行为就无法中规中矩，谈不上"修身"了。所以《大学》总结说："古好而知其恶，恶而知其美者，天下鲜矣。"很少有人可以不存偏见，就事论事，对别人保持开放的胸怀平等交往。修身确实不是一件容易的事。

（二）《大学》中的政治观

在政治观上，《大学》直接秉承了孔子、孟子的思想，主张统治者不要过分剥削人民，要爱民，其目的在于巩固封建等级制度；它强调统治阶级要修己，目的在于取得被统治阶级的同情，达到所谓上行

下效的结果。它写道：

"所谓平天下在治其国者：老老而民兴孝，上长长而民兴弟，上恤孤而民不倍，是以君子有絜矩之道也。所恶于上，毋以使下；所恶于下，毋以事上；所恶于前，毋以先后；所恶于后，毋以从前；所恶于右，毋以交于左；所恶于左，毋以交于后。此之谓絜矩之道。"《诗》云："乐只君子，民之父母。民之所好好之，民之所恶恶之。此之谓民之父母。"

《大学》把封建主义的政治和伦理关系熔铸在一起，把阶级压迫的关系说成是家庭父慈子孝的关系。而治国必先齐家，"所谓治国必先齐其家者，其家不可教而能教人者，无之。故君子不出家而成教于国：孝者，所以事君也；弟者，所以事长也；慈者，所以使众也"。封建的孝道是以家长为统治基础的封建社会宗法制度的体现，是束缚人民的绳索之一，是中国小农经济的生产关系在伦理观上的

突出表现。《大学》看到了封建社会潜伏的和现存的许多矛盾，其中最主要的是地主阶级和农民阶级之间的矛盾，为了消除这些矛盾，它并不是从根本上，即从社会制度方面找原因，而是企图将其建立在伦理基础之上，以家庭的伦常关系，以个人道德的自我完善、自我修养来调解和消除这些矛盾。《大学》认为，一个协调的封建社会要取决于家庭伦常关系的确定和家庭成员的道德修养。只要人人都能行忠恕之道，社会矛盾就会得以调和。就是说，只要互谅、互让，就可以取得社会安宁。《大学》这种理论，对于取得政权的封建统治阶级是十分有利的，因此它成了历代统治集团的伦理哲学理论之一。

孟子的"得天下有道,得其民,斯得天下矣"观点,在《大学》中体现为"道得众则得国,失众则失国。是故君子先慎乎德"。《大学》对德与财的关系,作了精辟论述:"是故君子先慎乎德。有德此有人,有人此有土,有土此有财,有财此有用。德者本也,财者末也。外本内末,争民施夺。是故财聚则民散,财散则民聚。是故言悖而出者,亦悖而入;货悖而入者,亦悖而出。"

《大学》也讲生财之道:"生财有大道,生之者众,食之者寡,为之者疾,用之者舒,则财恒足矣。"在封建社会,统治者大都是"以身发财"。《大学》遵循儒家的道德政治,在义利观上主张:"国不以利为利,以义为利也。"未有上好仁而下不好义者也,未有好义其事不终者也,府库财非其财者。"

《大学》是孔、孟、荀关于道德与政治理论的系统化,是儒家伦理政治的代

表，是儒家政治哲学的代表作。它所代表的儒家政治哲学有其自身的特点，即把政治建立在伦理的基础上，从人的自我管理，即"修身"，到家庭管理，即"齐家"，到国家管理，即"治国"，到天下的管理，即"平天下"。这一管理系统有其合理内容，把家、国、天下的长治久安，建立在人的修身，即人的理性自觉、人的自我完善基础上，将是未来社会的最佳理想。

《大学》原为封建社会的政治哲学，目标在于"人治"，现代加以诠释，《大学》变为理想社会的政治哲学，目标也在于人治，不过这个人治不是个人专制的封建社会"家天下"之"人治"，人的理性自觉的"公天下"，即人人自我管理的人治。这样人的人治就是人类社会的最高理想。

三、"一日克己复礼，天下归仁焉"——《论语》

　　《论语》是记载孔子及其学生言行的一部书。孔子(约公元前551—公元前479年)名丘，字仲尼，春秋末期鲁国人，是我国古代伟大的教育家、政治家和思想家，儒家学派创始人。其祖先原是宋国贵族，因政治变乱逃到鲁国。孔子幼年丧父，家境贫困，年轻时做过管理牛羊和仓库的小吏。中年以后，聚徒讲学。50岁以后，做过几年鲁国大夫。下野后，率领门徒周游列国，寻找政治出路，历经十年，但处处碰壁，始终没有得到任用。晚年回到鲁国，以整理古代典籍、教授门徒了却余生。

《论语》一书是孔子和一些孔子弟子的言行录，大约是在孔子死后七十多年的战国初期（公元前400年左右）由孔子的弟子以及再传弟子纂辑而成的。

《论语》共20篇，篇名取篇首的两三个字为题，并无具体意义，如第一篇第一句话是"学而时习之"，所以该篇就叫《学而》。一段话为一章，全书共有492章，一万三千余字。据《汉书·艺文志》说，"论"是论纂、编排的意思，"语"是谈话记录，"论语"就是语录汇编。里面主要记载了孔子及其部分门徒如曾子、子夏等人的言论，还记载了一些孔子的行为。全书内容涉及政治、经济、伦理、教育、哲学、历史、文学、艺术、道德修养等方面，有很高的历史价值和学术价值，是研究孔

子思想最直接的材料。

（一）《论语》的"仁""礼""义"思想

研究孔子的思想主要靠《论语》，通过孔子和弟子们的谈话，我们可以认识孔子的天命观、道德观、政治观、教育观等等，同时还可以看出所有这些观点中都贯穿着一个本质的思想，那就是"仁"。"仁"这个词在孔子以前已广泛使用，但作为哲学范畴提出，是从孔子开始的。"仁"在孔子思想中是最高、最根本的理想和准则。所以《论语》说孔子很少谈功利、天命，最崇拜、最赞许的是"仁"。

"仁"字在《论语》中出现百次以上，但含义宽泛而多变，每次讲解并不完全一致。对于"仁"的确切含义，《论语》中并没有纯定义式的解说，常常是根据提问人的不同情况随问随答，每次讲解并不完全一样。如颜渊问什么是仁，孔子说：

"克己复礼为仁。一日克己复礼，天下归仁焉。"克制自己，使自己的言行合于礼，这就是仁。一旦克制自己而使言行都合于礼，天下的人就会称许你是仁人。具体做法就是："非礼勿视，非礼勿听，非礼勿言，非礼勿动。"不合于礼的东西不看，不合于礼的话不听，不合于礼的话不说，不合于礼的事不做。

樊迟问什么是"仁"，孔子说："爱人。"子贡问："如有博施于民而能济众，何如？可谓仁乎？"如果有人能广泛地把好处给人民而且能够周济大众，这个人怎么样？可以算是仁人吗？孔子说：何止是仁人！一定是圣人了！尧舜大概还做不到哩！仁人要做到："己欲立而立人，己欲达而达人。"自己想树立的也帮助别人树立，自己想达到的也帮助别人达到。凡事能够推己及人，可以说是实行仁的方法了。

这表明，孔子所讲的"仁"，有对己、

对人两个方面的基本含义。对己就是"克己复礼"，即克制自己，使视、听、言、动都合乎礼，一旦做到了这点，天下都会称许你是个仁者。"克己"不仅是消极意义的自我克制，还包含积极意义的自觉实行。君子不会有哪怕一顿饭的时间离开仁，即使在匆忙紧迫、颠沛流离的情况下也一定要实行仁。只有立志实行仁，才会无过无恶。对人的方面也有积极和消极两层含义，即"忠"和"恕"。"忠"就是积极地为别人着想，要爱人，对人有同情心，有关心他人的真实感情，自己想通达也使别人通达，无论何时何地都设身处地考虑别人的利益，时刻反省"为人谋而不忠乎"，替人家办事有没有不尽心竭力？

"恕"就是消极意义的推己及人，"己所不欲，勿施于人"。孔子说，他的思想学说有一个"一贯之道"，他的学生曾参解释说，这个"一贯之道"就是"忠恕"，忠恕是仁的合体，所以"一贯之道"就是仁。

只有有仁德的人，才能以正确的态度爱人，才能以正确的态度恨人。

仁有时还指一种理想的行为规范和高尚的品德。樊迟几次问孔子怎样才算仁，孔子有时说："仁者先难而后获，可谓仁矣。"

有仁德的人对艰难的工作抢先去做，对获功论赏的事则退居人后。即吃苦在前，荣誉在后。那么，怎样做才是仁？孔子说：能在天下实行五种美德，就是仁了，即庄重、宽厚、诚信、勤敏、慈惠。

"仁"作为哲学范畴，常指人的主观的自觉精神。《论语》中说：仁离我们很远吗？只要我想达到仁，仁就可以达到。这就是说一个人要达到仁，实现仁的理想，只有靠自觉的意识才能做到，即使暂时达不到，但坚持下去，终有一天能达到。靠外力的强制是做不到仁的，仁完全是一种主观化的内在要求。这一思想，对后世主观唯心主义有很大的影响。

　　《论语》讲"仁"，还常表述为一种积极的斗争精神："志士仁人，勿求生以害人，有杀身以成仁。"志士仁人，不贪生怕死而损害仁，只有牺牲自己而成全仁。这种为实现仁而努力奋斗、积极进取、不惜牺牲、舍我其谁的精神，这种理性的历史责任感，在漫长的中国历史上曾感染、教育、熏陶了无数仁人志士，所起的作用主要是进步的、积极的。

　　但《论语》又一再指出：仁的境界是很难达到的，除了少数几个古代圣人外，当代没有人能够真正做到仁。"如有王者，必世而后仁。"如果有圣明的君主出来，也一定要经过三十年之后才能实现仁。在三千弟子中，孔子认为只有颜渊能在三个月时间里想着仁，这已是很难能可贵了，

其余的只是暂时偶然达到而已，没有能保持长久的。所以孔子对仁的实现也缺乏信心，他说："我未见好人者，恶不仁者。有能一日用其力于仁矣乎？我未见力不足者。盖有之矣，我未之见也。"我没有见过好仁德的人，也没有见过憎恶不仁的人。有谁能在一天用他的力量去实现仁呢？我没有见过力量不够的。大概这种人是有的，只是我没有见过。

除了讲"仁"之外，孔子还讲"礼"。

孔子讲"仁"是为了释"礼"，维护"礼"。"礼"就是以血缘为基础，以等级为特征的氏族统治。孔子十分重视礼，认为对一般人来说，"不学礼，无以立"；对统治者来说"上好礼，则民易使"，"上好礼，则民莫敢不敬"。因此，孔子主张"克己复礼"，要求人们"非礼勿视，非礼勿听，非礼勿言，非礼勿动"。但孔子对于礼有自己独特的理解。他曾说："礼云礼云，玉帛云乎哉！乐云乐云，钟鼓云乎哉！"

孔子的意思是说，礼乐不仅仅是一种形式和节奏，而是有着更为本质的内涵。那么，这个更本质的内涵是什么呢？《论语·阳货》中的一段记载，给我们提供了很珍贵的启示："宰我问：'三年之丧，期已久矣。君子三年不为礼，礼必坏；三年不为乐，乐必崩。旧谷既没，新谷既升，钻燧改火，期可已矣。'子曰：'食夫稻，衣夫锦，于女安乎？'曰：'安。''女安则为之。夫君子之居丧，食旨不甘，闻乐不乐，居处不安，故不为也。今女安则为之。'宰我出，子曰：'予之不仁也。子生三年，然后免于父母之怀。夫三年之丧，天下之通丧也。予也有三年之爱于其父母乎？'"

宰我问道："为父母守丧三年，为期太久了吧？君子三年不习礼仪，礼仪一定会被败坏；三年不奏乐，乐一定会被毁掉。陈谷子吃完了，新谷子不登场，钻火改木周而复始，一年也就可以了。"孔子

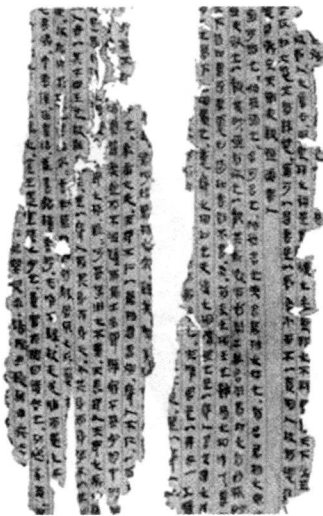

说:"守丧不满三年就吃白米饭,穿花缎衣,对于你来说能心安吗?"宰我说:"心安。"孔子说:"你心安,那你就那样做吧!对于君子来说,有丧在身,吃美味不觉得味美,听音乐不觉得快乐,闲居也不觉得安适,因此不像你说的那样。现在你既然觉得心安,那你就那样做吧!"宰我出去后,孔子说:"宰我真不仁啊!子女生下来三年,然后才脱离父母的怀抱。三年的守丧期,是天下通行的丧礼,宰我难道就没有从他父母那里得到过三年怀抱的爱抚吗?"

除了讲"仁""礼"之外,孔子还讲"义"。"义"是由"仁"的根本指导思想所决定的办事原则。孔子说:"君子喻于天下也,无适也,无莫也,义之与比。"

"君子喻于义,小人喻于利。"对于孔子的"仁",要从孔子所处的历史环境中给予评价。从根本上说,"仁"字的本义是"仁者,人也",就是"以人为本",也就

是"爱人"。孔子生当
乱世，他家原是宋
国贵族，后来贫穷
没落才流落到鲁
国。他幼年丧父，
年纪不大就出去
谋生，还要赡养母
亲。所以他和下层
社会有着一定的联系，从而同情下层人
民的处境。当时是列国纷争、生灵涂炭、
拿人不当人的奴隶社会末期。面对这样
一个黑暗的现实社会，孔子举起"仁"的
旗帜，倡导"泛爱众而亲仁"，无疑是很
伟大的。而且他也是尽自己能力之所及、
身体力行的。在孔子以前，学校把持在贵
族手中，只有贵族弟子才能上学，从孔子
开始办私人学塾，以"有教无类"的方针
广收下层社会的平民弟子入学，并提出一
套丰富且有意义的教育治学的方法，这
就是孔子伟大人格的具体表现！

（二）孔子"以民为本"的政治思想

在政治方面，孔子还提出了爱护百姓、以民为本的德政思想。《论语》特别强调道德教化而贬低行政命令和刑罚的作用，指出："道之以政，齐之以刑，民免而无耻；道之以德，齐之以礼，有耻且格。"

以政令来教导，以刑罚来管束，百姓会因求免于刑罚而服从，但不知羞耻；以德行来教化，以礼制来约束，百姓会知道羞耻并且可以走上正善之途。

与爱民相联系，统治者要得到百姓的拥护还必须加强自身修养与自我约束。《论语》说："政者，正也。子帅以正；孰敢不正？"政就是正的意思，统治者带头走正路，谁还敢不正呢？如果统治者的行为正派，就是不发命令老百姓也会执行。统治者的行为不正派，就是三令五申百姓也不听从。如果不能端正自己，又怎么能

端正别人呢？

《论语》倡导的政治主义，被孟子仁政学说继承发展，在后来许多进步思想家的重新解释下，对于缓和阶级矛盾、减轻人民负担，产生过深远的积极作用。

(三)《论语》中的名言警句

《论语》有很多生动精辟的名言警句，读了令人难忘，发人深省。如："温故知新"(温习旧的知识，获得新的理解和体会。也指吸取历史经验，更好地认识现在)；"是可忍孰不可忍"(如果这件事情能容忍，那还有哪件事情不能容忍！也就是说这是最不能容忍的事情了)；"三思而后行"(经过反复考虑，然后再去做)；"任重道远"(责任重大，要经历长期的奋斗)；"己所不欲，勿施于人"(自己不想做的事情，不要强加给别人)；"四海之内

皆兄弟"(天下的人都像兄弟一样);"人无远虑,必有近忧"(人没有长远的考虑,一定会出现眼前的忧患);"不患寡而患不均"(不必担心财富不多,只需担心财富不均)等等,长期以来已经成了成语,至今仍有很大的影响力。

孔子的思想在我国历史上影响最大、时间最久、涉及面最广,在世界上也有很大影响。孔子成了"万世师表",被推崇为"大成至圣先师",他的名字几乎妇孺皆知。因此,记载孔子思想的《论语》一书,也对中华民族产生了其他任何文献所难以比拟的巨大影响。两千多年间,它不但是士人必读的教材,还是统治者言行的是非标准。它蕴涵的丰富的思想内容,日益渗透到人们的生活、习惯、风俗、行为方式和思维方式中,通过传播、熏陶和教育,对于形成中华民族的道德、文化、心理状态和铸造中华民族的民族性格等方面,起了重要作用。

四、"居心于仁，由义而行"——《孟子》

　　《孟子》一书是孟子的言论汇编，由孟子及其弟子共同编写而成，记录了孟子的语言、政治观点和政治行动的儒家经典著作。《孟子》一书虽以孟子为名，但其作者非止于孟子一人，孟子的学生万章、公孙丑等人也参与了编著。

　　孟子，名轲，字子舆（字子车、子居）。父名激，母仉氏。公元前380年左右出生于邹国（今山东邹县）。时值战国中期，

社会正处于大动荡的年代，诸侯纷争，战火频仍，四海不宁。在思想上，"百家争鸣"，各家各派的学者纷纷收徒授学。当时的青年学子在师承关系方面，有许多流派可供选择。孟子师承子思，继承并发扬了孔子的思想，成为仅次于孔子的一代儒家宗师，有"亚圣"之称，与孔子并称为"孔孟"。他曾仿效孔子，带领门徒游说各国。但不被当时各国所接受，退隐与弟子一起著书。有《孟子》七篇传世：《梁惠王》上、下；《公孙丑》上、下；《滕文公》上、下；《离娄》；《万章》上、下；《告子》上、下；《尽心》上、下。其学说出发点为性善论，提出"仁政""王道"，主张"德治"。南宋时朱熹将《孟子》与《论语》《大学》《中肩》合在一起称"四书"。从此直到清末，"四书"一直是科举必考内容。孟子的文章说理畅达、气势充沛并长于论辩。

孟子远祖是鲁国贵族孟孙氏，后家

道衰微，从鲁国迁居邹国。孟子3岁丧父，孟母艰辛地将他抚养成人，孟母管束甚严，其"孟母三迁""孟母断织"等故事，成为千古美谈，是后世母教之典范。

孟子是儒家最主要的代表人物之一，但孟子的地位在宋代以前并不很高。自中唐的韩愈著《原道》，把孟子列为先秦儒家中唯一继承孔子"道统"的人物开始，出现了一个孟子的"升格运动"，孟子其人其书的地位逐渐上升。宋神宗熙宁四年(1071年)，《孟子》一书首次被列入科举考试科目之中。宋神宗元丰六年(1083年)，孟子首次被官方追封为"邹国公"，翌年被批准配享孔庙。之后《孟子》一书升格为儒家经典，南宋朱熹又把《孟子》与《论语》《大学》《中庸》合为"四书"，其实际地位更在"五经"之上。元朝至顺元年(1330

年），孟子被加封为"亚圣公"。明朝朱元璋辑有《孟子节文》，删掉《孟子》里的章句，如"民为贵，社稷次之，君为轻""残贼之人谓之一夫，闻诛一夫纣矣，未闻弑君也"等。

孟子是中国古代伟大的思想家、战国时期儒家代表人物之一。他的学说是对孔子的仁学思想的继承与发展。孔子的"仁"是一种含义极广的伦理道德观念，孟子又把它扩而充之，使之发展成为包括思想、政治、经济、文化等各方面的施

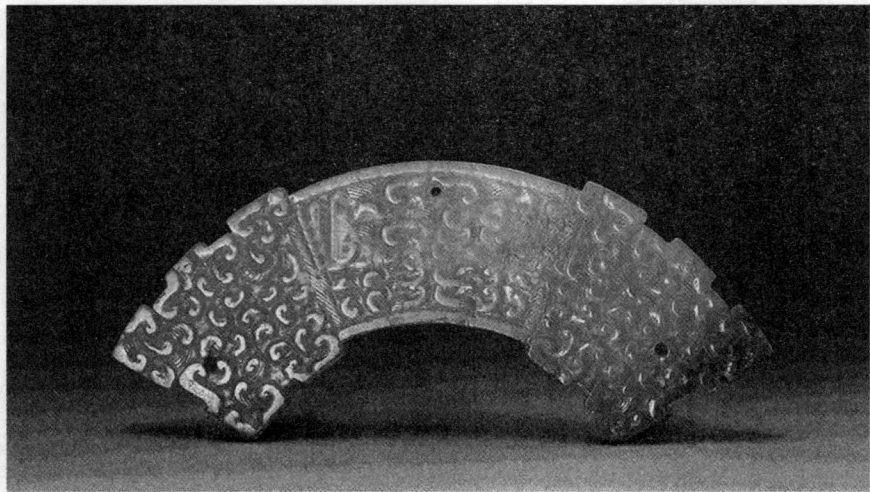

政纲领，即仁政。所谓"仁政"就是爱民之政，王天下之政，以民为重之政。

（一）孟子的政治思想

《孟子》一书的核心是推行"仁政"的政治思想。在政治上，仁政反对兼并战争。孟子认为，兼并战争是造成人民生活困苦和各种祸乱的根源。因此必须制止兼并战争，并对那些怂恿本国君主燃起战火的人严加惩处。孟子虽然反对兼并战争，却并不反对统一。他认为统一是使天下安定的根本保证。法家认为兼并战争是统一的唯一途径，而孟子则认为只有实现仁政，用"仁"的思想力量使天下归服，才是真正的统一。

在经济上，仁政主张减轻赋税和制民之

产。战国时期的赋税之多,是惊人的。仅据《孟子》一书记载,当时就有征收布金帛、征收谷米、征发人力等三种赋税。在赋税的重压下,人民就会反抗,封建统治就不能巩固。因此,孟子在仁政中特别强调减轻赋税的内容。

《孟子》的社会经济思想,以承认、建立和巩固小农自然经济和确立地主阶级所有制为宗旨,其核心是"制民之产"。

"无恒产而有恒心者,惟士为能。若民,则无恒产,因无恒心。苟无恒心,放辟邪侈,无不为已……是故明君制民之产,必使仰足以事父母,俯足以畜妻子,乐岁终身饱,凶年免于死亡;然后驱而之善。"意思是国家分配给每户农民一百亩耕地和五亩大小的房基地,并把这些土地规定为农民的固定产业。孟子认为,人民如

果没有固定产业，就不会有安分守己的恒心。如果没有恒心，就会违法乱纪，无所不为。等到他们犯了罪，再加以处罚，这就是陷害人民。因此，贤明的君主必须分给人民足够的固定产业，使人民上足以赡养父母，下可以抚育妻子儿女。孟子的这个措施，既可以缓和统治者和被统治者之间的矛盾，又可以限制土地兼并，是仁政中重要的经济政策。

仁政还要求封建统治者尊贤使能，也就是尊敬重用有贤德和才能的人。国君只有尊重贤才，让杰出的人都有官位，天下的士人才会高兴地前来，为本国的富强出谋划策。孟子还认为，任用贤才唯一的目标就是道德修养，只有具有了"仁"这种道德修养的人，才能位居高官。否则，官做得越大，危害人民越甚。

仁政是在孔子仁学思想的基础上发展起来的，但从内容上看，它与孔子的仁学思想确实有很大的不同。孔、孟都讲"仁义"，"仁"指人的根本品德；"义"指从仁的品德出发所采取的办事原则。孟子说："仁，人心也；义，人路也。"这是明确而通俗的说明。《论语》讲"仁义"，更着重谈"仁"，而《孟子》讲"仁义"，更重谈"义"。这是由于两个人所处时代不同造成的，他们自己未必意识到这一点。所以孔子强调说："志士仁人，无求生以害仁，有杀身以成仁。"而孟子强调说："生，亦我所欲也；义，亦我所欲也。二者不可兼得，舍生取义者也。"后代"杀身成仁，舍生取义"这个格言就是从孔、孟的这两段话中提炼出来的。

孟子不只是重复孔子的"仁义"论，而是向前发展了一步。他提出"仁"和"义"这些东西本来是天生就有的，是与生俱来的。他说："恻隐之心，人皆有之;羞恶之心，人皆有之;辞让之心，人皆有之;是非之心，人皆有之;恻隐之心，仁也。羞恶之心，义也。恭敬之心，礼也。是非之心，智也。仁、义、礼、智，非由外铄我也，我因有之也，弗思耳矣。"

从这个前提出发，孟子提出了"人无有不善"的命题，这就是他的"性善论"。性善论是仁政学说的理论基础。孟子认为，人的本性天生是善的，即人生来就有怜悯同情之心、羞耻憎恶之心、恭敬辞让之心和是非之心，这四种是仁、义、礼、智四种道德观念的萌芽。如果人们能把这四种萌芽扩充起来，那就会像刚刚燃起的火，越烧越旺，不可扑灭;也会像刚刚流出的泉水，终将汇成江河，不可停止。如果能够扩充这四种萌芽，就足以安定天下;如果不能扩充，就连自己的父母也不能奉养。

"人皆有所不忍，达之于其所忍，仁也;人皆有所不为，达之于其所为，义也;

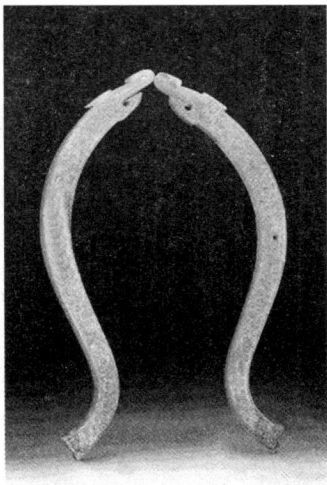

人能充无欲害人之心，而仁不可胜用也；
人能充无穿逾之心，而义不可胜用也。"
这是说，人们都有不忍于干某些事的
情绪，把这种情绪推及到忍心去干的事
情中去，就是"仁"；根据一定的道德观
念，人们都认为"应该"有所不为，把这
种"应该"的观念扩充到实际的"所为"
中去，就是"义"。把仁、义、礼、智加以扩
充，以之修身则成圣人，以之治国则天下
太平。

孟子的性善论，从理论上系统地讨
论了人类的共同本性问题，这是对人类认
识史的贡献，应该加以肯定。但孟子认为
仁、义、礼、智等道德观天
生就有，则是错误的。这
是天赋道德观念论，是唯
心主义的抽象人性论。

"与民同乐"是孟子
政治思想的重要内容。所
谓"与民同乐"，就是要求

统治者关心人民的疾苦，在他们纵情享乐的时候不要忘记自己的百姓。孟子认为，统治者的享乐只要能使百姓感到高兴就是"与民同乐"。他甚至认为，即使君主有贪财好色的坏毛病也不要紧，只要能与民同乐，仍然会得到人民的拥护。"与民同乐"是孟子所追求的一种理想的社会境界。要达到这个境界，唯一的途径是实行仁政。因此，"与民同乐"实际上是为了宣传政治服务的。

孟子在叙述"与民同乐"思想时，发表了许多光彩夺目的议论。例如他说："乐民之乐者，民亦乐其乐；忧民之忧者，民亦忧其忧；乐以天下，忧以天下，然而不王者，未之有也。"这些话以其深刻的思想内容，超越了时空观念，成为千古格言，牢牢地扎根在人们心中。宋代文学家范仲淹的《岳阳楼记》所表述的"先天下之忧而忧，后天下之乐而乐"的光辉思想，无疑是受到了孟子思想的启迪。

"民贵君轻"论表现了孟子的重民思想。孟子说："民为贵，社稷次之，君为轻。"意思就是，在人民、国家和君主三者的关系中，人民最为重要。他认为取得天下的根本之道在于得到人民的拥护，而要得到人民的拥护，关键是争取民心。

他在总结夏、商两朝失国的教训时道：桀和纣之所以失掉天下，是因为失去了人民；他们之所以失去人民，是因为失掉了民心。因此，失民心者失天下，得民心者得天下。而争取民心的唯一方法是：人民所希望得到的，替他们聚积起来；人民所厌恶的，不要强加给他们。当前，人民最需要的是什么呢？就是仁德、仁政。当今天下的国君如果有喜好仁德、仁政的，那么别国的人民就像被驱赶着一样飞奔而来，此时，即使不想统一天下，恐怕也做不到了。从这里可以看到，孟子推行仁政的根本目的，就是争取民心，统一天下。

（二）《孟子》中的唯心主义认识论

《孟子》的认识论是反观内省的唯心主义认识论，在《孟子》书中，不是讲从物到感觉到思想，而是讲"反身而思"，讲人类精神的反思。

"诚者，天之道也。思诚者，人之道也。"又说："万物皆备于我矣。反身而诚，乐莫大焉。强恕而行，就任莫近焉。"这里，"诚"即指宇宙本身的生之力，为宇宙本身所固有，所以叫做"天之道"。"思诚"，就是我们思维和认识这充实的生之力，使我们反思、反观的产物，所以叫做"人之道"。能够认识到"诚"的人，就会到达"万物皆备于我"的精神境界。

孟子作为一个思想家，对后世的影响是极为深远的，中国

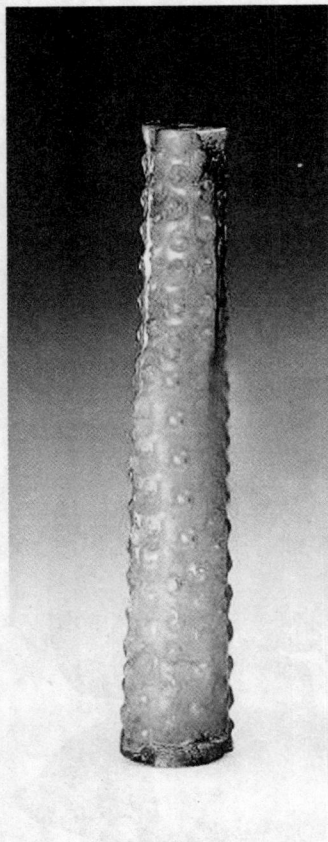

社会政治、哲学、文学乃至其他学术思想的发展，几乎都与孟子思想有着密不可分的关系。他的影响有进步的一面，也有落后的一面。例如："劳心劳力"说，就被反动统治阶级用来作为残酷压迫和剥削劳动人民的理论根据；他的唯心主义哲学，也成了历代统治者禁锢人民思想的精神枷锁；还有他的"仁政"学说，本来是为缓和阶级矛盾，维护统治阶级的长远统治而提出的，在当时具有一定的积极作用，但后世统治者却接过了"仁政"的口号，把它变成了粉饰太平、麻痹人民斗志、维护残暴统治的工具。这些都是《孟子》影响的消极方面。但孟子思想对于后世也有很深的进步影响，例如："与民同乐"说、民贵君轻论等民本主义思想，对我国民主思想的发生、发展产生了巨大的影响。他的"浩然正气"、"威武不屈"的修养工夫，不仅陶铸了封建社会的"志士仁人"，而且影响了我们整个民族的精神面貌。《孟子》的哲学思想，虽在整体上是唯心主义的，但也包含若干合理的进步因素，在中国哲学史上，有很大的影响。王阳明直接继承《孟子》的良知说，结合《大学》之致知说，形成了"致良知"唯心主义哲学体系。

总之，孟子思想是留给后世的一笔极为丰富的精神遗产，我们应该批判地继承这份遗产，从而弘扬中国优秀的传统文化，使之为发展和繁荣我们当今文化事业而服务。

五、"中庸之为德也，甚至矣乎"——《中庸》

　　《中庸》是"孔门传授心法"之书，是孔子的孙子子思"笔之子书，以授孟子"的。子思继承孔子的思想传统，认为人的生活应该维持在中等的需要和需求的生活方式上，故写下了《中庸》。按字面的意思，中，即是不偏不倚，不上不下；庸，按照《诗·王风·兔爰》"我生之初，尚无庸"，《诗·齐风·南山》"齐子庸止"，《书·尧典》"畴咨，若时登庸"，《论语·雍也》"中庸之为德也,甚至矣乎! 民鲜久矣",《说文》"庸,用也"等说法,有"用、需要"之意。

《中庸》是《礼记》里的另一篇文章,讲的是儒家的处世哲学。它是汉初人所作,但旧说是子思所作,后来传给孟子。朱熹则进一步发挥说:"此篇乃孔门传授心法。子思恐其久而差也,故笔之于书以授孟子。"

"心法"本来是佛教用语,指不立文字而用心领神会的方法传授的秘诀。儒家本没有这种东西,这是朱熹的理解。因为"中庸之道"在过去讲得确实让人不易领悟,不易掌握,所以不免带有几分只可意会不可言传的神秘色彩。因此他借用了佛教中"心法"这个词。并且说:"善读者玩索而有得焉,则终身用之,有不能尽者矣。"

（一）儒家最高道德"中庸之道"

《中庸》是儒家特有的概念，是儒家的最高道德。《论语·雍也》篇："子曰："中庸之为德也，甚至矣乎！民鲜久矣。"这里的"中"就是没有过失也不欠缺。"庸"就是不突出、不失常。儒家认为，对人对事应该本着这样的原则去做，掌握最佳状态，恰到好处，也就是俗话说的"不瘟不火""火候正好"，这就叫"中庸"。译成现代汉语，大体相当"适度而得体"的意思。办事讲究"适度"而且"得体"，就叫"中庸之道"。这个要求，说着容易做起来难，所以它是儒家待人处世的最高原则。

如果把《中庸》的理论作为方法论来看，"中庸之道"要求人们对事物准确地把握质的规定性，既不过分也不欠缺，有一定的辩证色彩。其目的在于："君子素其位而行，不愿乎其外。素富贵，行乎富

贵；素贫贱，行乎贫贱；素夷狄，行乎夷狄；素患难，行乎患难。君子无入而不自得焉。在上位，不陵下；在下位，不援上。正己而不求于人，则无怨；上不怨天，下不尤人。故君子居易以俟命，小人行险以徼幸。"

总之，《中庸》要求人们不超越自己的地位、名分行事，要安分守己，一切听从天命（即封建秩序）的摆布而不能反抗，只有这样才算合乎"中庸之道"。所以《中庸》又引孔子的话说："君子中庸，小人反中庸。君子之中庸也，君子时而中；小人之反中庸也，小人而无忌惮也。"其实质就是叫人不得"越轨"，不得"犯上"，于是，封建社会便可长治久安、万古长存了。

朱熹把《中庸》分成三十三章，第一章是总论，其余各章都是从各个角度阐明总论的。第一章说："天命之谓性，率性之谓道，修道之谓教。道也者，不可须臾离

也，可离非道也。是故君子戒慎乎其所不
睹，恐惧乎其所不闻。莫见乎隐，莫显乎
微，故君子慎其独也。喜怒哀乐之未发，
谓之中;发而皆中节，谓之和。中也者，天
下之大本也;和也者，天下之达道也。致中
和，天地位焉，万物育焉。"

　　这是"中庸之道"的基本原理，有三
层意思:一是忠、孝、仁、爱等伦理原则
是与生俱来的本性，人只要自然而然地按
照本性去做就行了;二是事实上并不是人
人都可以做得到的，所以还要接受教育，
严格要求自己;三是一旦人人都能修炼
到使自己的思想感情一表露出来就能准
确地合乎礼法要求(致中和)，君臣父子

等人伦关系都摆正了，社会就可以正常运转。可见，所谓"中庸之道"就是让人们的一举一动都能准确地合乎礼法要求，不打折扣也不加砝码。所谓"孔门心法"就是如此，但这确实很难做到，所以孔子说："中庸其至矣乎！民鲜能久矣！"

（二）《中庸》中"诚"的概念

为此，《中庸》又提出了"诚"的概念。《中庸》认为"诚"也是人的天赋之一。如果生而能保持"诚"的品格，就什么都能做得到，那就是圣人了。对一般人来说则要"诚之"，即让他修炼得"诚"起来，才能实行"中庸之道"。"诚之"的方法是要求他"博学之，审问之，慎思之，明辨之，笃行之"。经过这样一个求知的过程就能使之"诚"。这就和《大学》的"知至而后意诚"的道理相通了。

"诚"原本是一个道德概念，指的是十分

完美的、"至善"的精神境界。在《中庸》
一书中，它却成了世界的本源，成了第一
性的东西。《中庸》写道："诚者，天之道
也……诚者，自成也；而道，自道也。诚
者，物之终始，不诚无物。"

　　这就是说，"诚"就是天道，它本身
不是由什么另外更高的东西产生的，而是
"自成"的，更进一步地说来，它不但"自
成"，而且还生成万物，派生万物。这种
宇宙观推行方法的前提是"至诚无息"，
"无息"就是一刻也不间断的意思，由
这种不间断然后逐步衍出悠远、博厚、高

明。这里就是可以把博厚比作地，高明比为天，把悠远说成时间的无限。天、地、时都具备了，万物就可以"不动而变，无为而成"。

《中庸》在"诚者，天之道也"之后，接着又说："诚之者，人之道也。"人把"诚"体现出来，通过"诚"达到"天人一体"。至于为什么"天道"能和"人道"融为一体呢？《中庸》觉得这是不用做什么解释的。在《中庸》看来，人如果淋漓尽致地把"诚"体现出来，达到了"至诚"的境界，那么就可以与天地共存了。

《中庸》说，一个人如果完完全全地把"诚"体现出来，就达到了"至诚"的境界，便与"天道"合一成为"圣人"。如何达到"至圣"，通过什么途径达到"至诚"呢？《中庸》认为有两条途径：一条是明白自己的本性，即"道德性"；一条是从事学习，接受教育，即"道问学"。

《中庸》说："自诚明，谓之性；自

明诚，谓之教。""自诚明"就是由天生的"诚"出发，达到对一切事物的了解，这就叫"性"；"自明诚"则是通过学习，把"诚"体现出来，这就叫"教"。前者即"尊德性"，后者为"道学问"。关于"尊德性"，《中庸》没有多讲，只是要求人们"戒慎乎其所不睹，恐惧乎其所不闻"，即对自己的行为，在别人看不到的地方和别人听不到的地方也要谨慎警惕。《中庸》的这种保持天赋道德本性的方法——"尊德性"，实际上是一种主观内省、自身体验的先验论。"道学问"是达到"至诚"的另一条途径。"道学问"可以分为五个步骤，即"博学之，审问之，慎思之，明辨之，笃行之"。《中庸》的这些言论，是对《论语》"学而不思则罔，思而不学则殆"的具体发挥。经过这一发挥，便把认识过程中一些重要环节都包容进去了。"学""问"大体指获得知识的手段；"思""辨"则是内心的思维活动；"行"

则是讲把知识用之于实际的行动。《中庸》认为，人们如果能按照"道学问"这五个步骤去做，"人一能之，己百之；人十能之，己千之"。如果加倍地努力，那么"虽愚必明，虽柔必强"，任何人都能达到目的。

《中庸》对于认识环节的系统化和秩序的排列，在一定意义上是有其积极因素的。但总的来说，它的"道问学"还是唯心主义的认识论，因为它把"问学"的过程，看做是达到"至诚"的步骤，而不是作为对客观世界及其规律的认识过程。

《中庸》和《大学》是互为表里的姐妹篇，所以宋儒说《大学》是"入德之门"，《中庸》是"传授心法"。

从《论语》的"仁义"开始，发展为《孟子》的"性善论"，再发展为《中庸》的"致中和"，以及《大学》的"三纲八目"，我们可以很清楚地看出一条束缚人

们的礼教枷锁，让人们安分守己、尽忠尽孝。宋儒把它们编为四书，对维护封建社会的稳定确实起了修身、重德、敬老、爱人和谐人际关系、以及稳定群体秩序的作用。今天，对于传统文化，我们的态度是立足于当代中国，从我们的问题或我们的精神需要出发，以新的视野或现代意识，对中国文化中某些被反复咏叹的典籍给以重新关照或解读。

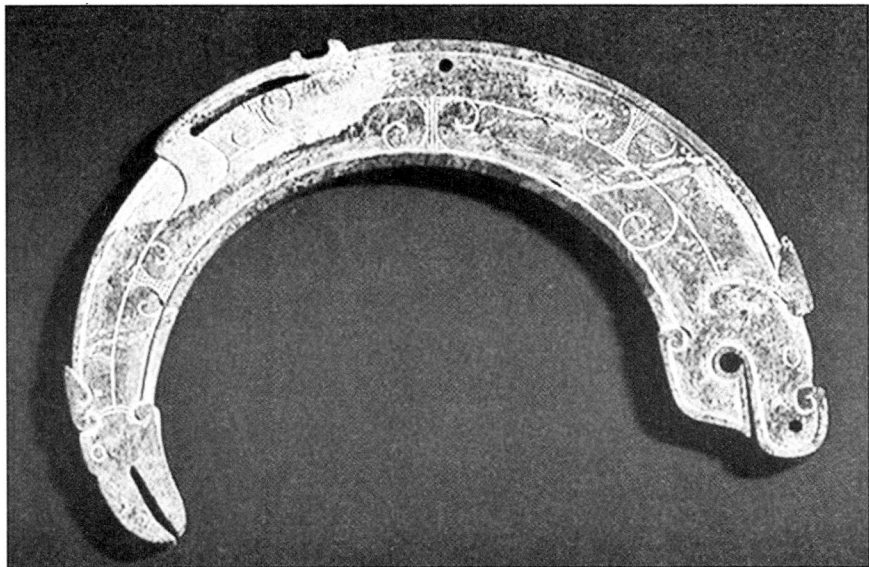

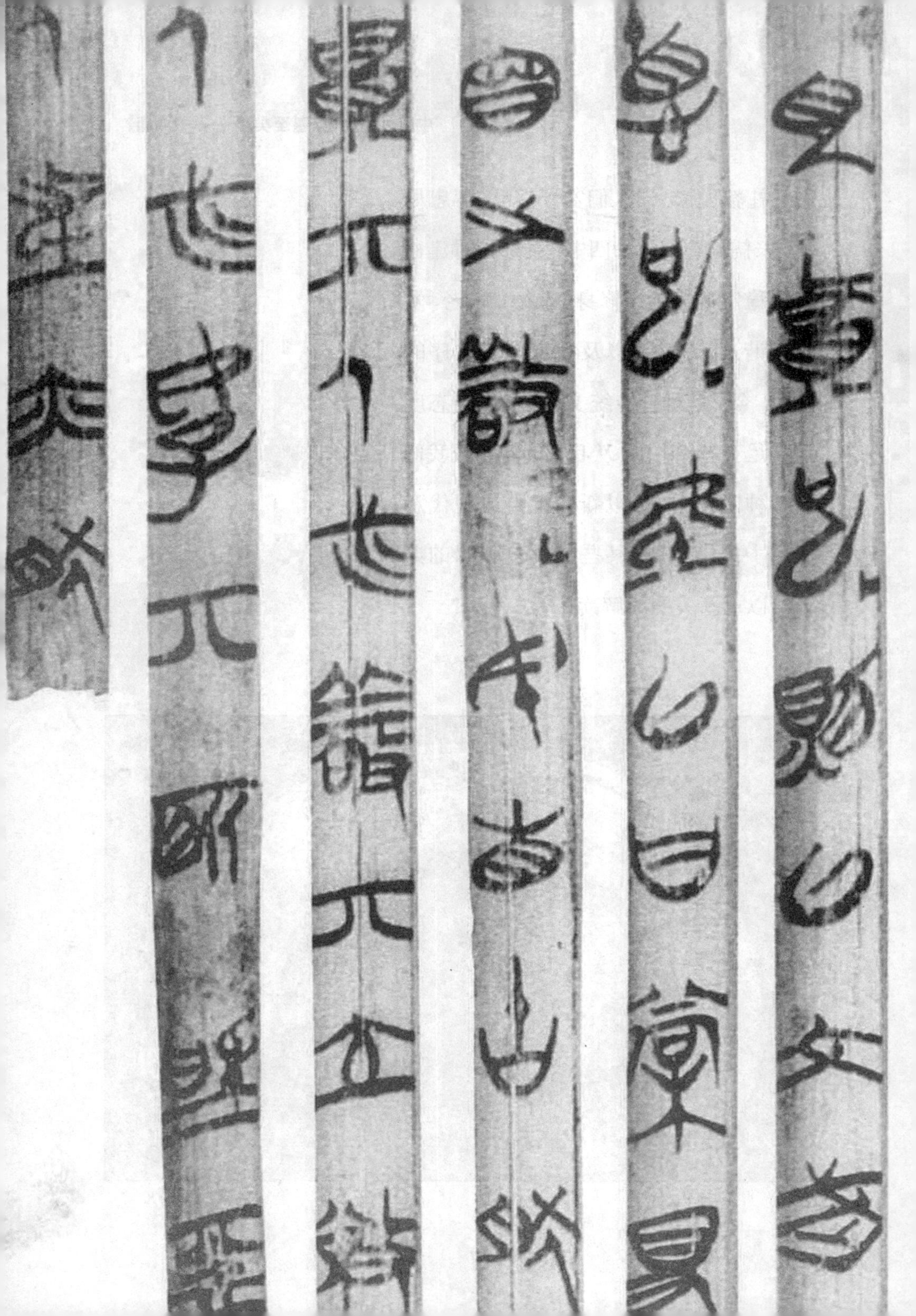

六、"能探《风》《雅》无穷意，始是乾坤绝妙辞"—《诗》

  《诗经》是我国上古的诗歌集,共收305篇诗,又称"诗三百"。集中所收作品,早的有西周贵族祭祖的诗章,晚的有秦穆公时代的民谣,可知这些诗的产生时代上自殷末周初,下迄春秋中叶,大体在公元前1世纪到公元前6世纪之间。

(一)《诗经》的产生

关于诗的产生，从今传《诗三百》的内容，大致可分为两类：一是宫廷中贵族人士所作，出于谏诤、歌颂功德、祭祀和礼仪的需要而作，这就是诗的《雅》《颂》部分的主要来源；一是来源于下层人民的生活和他们对社会的感叹，属于民间文化，《国风》中许多作品属于后者。《小雅》则处于两者之间，其中渗透有贵族统治阶级的政治意识，又有下层人士的思想感情的流露。

据古籍记载，我国古代有"采诗"的制度，就是由中央主管诗歌、音乐的官员——太师，负责征集各地民歌献给君主，以考察民情、政绩。《礼记·王制》说："天子五年一巡守"，"命太师陈风(介绍

民歌)以观民风"，说的就是"采诗"。

旧说古代全国采来的诗歌，加上各诸侯国贵族的献诗，以及王朝宗庙里的祭歌，有三千首之多。孔子生活的年代之前确实存在规范的诗、乐、舞系统。到春秋末期，由于政治动乱、贵族阶级没落、礼坏乐崩，已经开始散佚，同时社会上又兴起了新乐，这大多是内容生动活泼的民间诗歌。孔子非常重视诗乐的教育作用，可以用来作为传授弟子的教本。他为了维护传统理想，"恶紫之夺朱也，恶郑声之乱雅乐也，恶利口制覆邦家者"，按照自己的政治和艺术标准，重新整理和解释了《诗经》。所以子曰："吾自卫反鲁，然后乐正，《雅》《颂》各得其所。"总之，三百篇诗是各代的乐师逐渐采集积累起来的，编辑和整理也非孔子一人之力。孔子只是在前人已经辑集的基础上，进行了一次重要的整理刊定，后人又进行了一些加工。

《诗经》有古今文之别。《汉书·艺文志》著录的"《诗》二十八卷（鲁、齐、韩三家）"，是今文经；"《毛诗》二十九卷"，是古文经。此外还著录有各家诗说十来种。其中今文经诗说除《韩诗外传》以外，均已亡佚；古文经诗说有《毛诗故训传》三十卷，即《十三经注疏》所收今本《诗经》。

（二）《诗经》中的"六义"

按照传统习惯，读《诗经》先要明白"六义"。所谓"六义"，就是"风、雅、颂、赋、比、兴"这个概念。其中"风、雅、颂"说的是《诗经》所收诗章的乐曲类别（也就是诗歌的类别）；"赋、

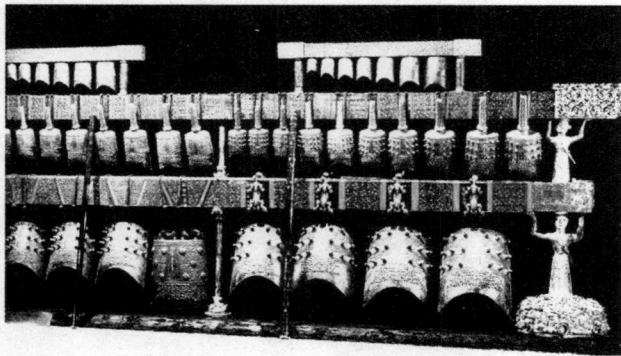

比、兴"说的是《诗经》所收诗章的写作技巧。

《诗经》的乐曲（诗歌）类别：风、雅、颂。

风：就是地方乐歌的意思。因为主要是从各诸侯国征集来的民歌，所以又叫"国风"。共有15个地方，所以又叫"十五国风"，共160首。这些地方大体是在今天的河南、河北、山东、陕西、山西、甘肃以及湖北的北部等地区，主要是黄河流域的中原地带。

雅：就是正声雅乐的意思。其中又分"小雅""大雅"，合称"二雅"。其中大多是朝会、饮宴、典礼等正式场合演唱的诗歌。歌词大多为上层人士所作，有些诗还流传下了作者的姓名。

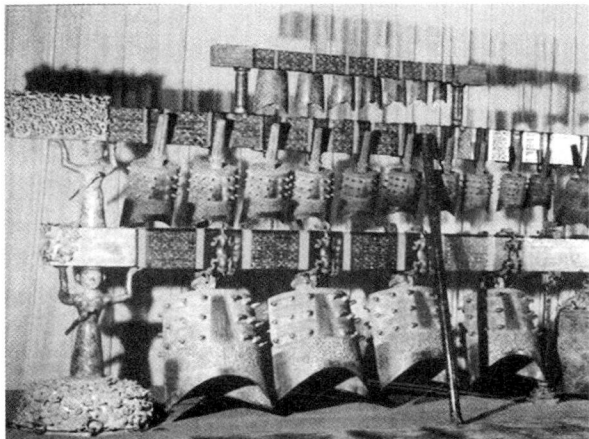

比如《大雅·蒸民》中有"吉甫作诵，穆如清风"之句，可知是周宣王时辅政大臣尹吉甫的作品。"雅"大体以十首歌为一组，叫做"什"。总计"二雅"共有105首。

颂：就是赞颂曲（颂歌）的意思。有"周颂""鲁颂""商颂"三类，合称"三颂"。"周颂"大体是西周的祭歌；"鲁颂"是春秋时代鲁国的祭歌；"商颂"是殷商后人（宋国）保存下来的祭祀先祖的祭歌。"三颂"合计有40首。

《诗经》中的写作技巧：赋、比、兴。

赋：就是直接地叙事或抒情。如："彼狡童兮，不与我言兮。维子之故，使我不能餐兮。"直接唱出女孩子的相思之苦。

比：就是以比喻的手法叙事或抒情。例如大家都十分熟悉的："关关雎鸠，在河之洲。窈窕淑女，君子好逑。"就是借用水鸟求偶，来比喻青年男女的爱情。

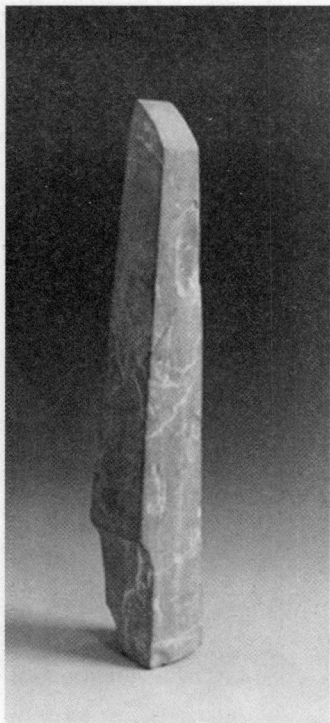

兴：就是先写景、状物，从而引发联想，依次叙事、抒情。如："蒹葭苍苍，白露为霜。所谓伊人，在水一方。溯洄从之，道阻且长；溯游从之，宛在水中央。"这首诗首先描写秋景的苍凉，从而引起对远方人的思念。

"风、雅、颂"和"赋、比、兴"本来是两个不同范畴的概念，把这两者合起来统称为"六义"或"六诗"。"六义"是《诗经》学重要的术语，也是我国传统的诗歌理论，所以我们研究《诗经》，首先要了解其"六义"。

《诗经》的内容十分丰富，在"雅"和"颂"里，有许多反映我们中华民族的历史传说，政治，军事活动，生活习俗以及社会制度的史诗性的篇章，同时还记录了一些远古时代有关地震和天灾人祸等的史料。所以，

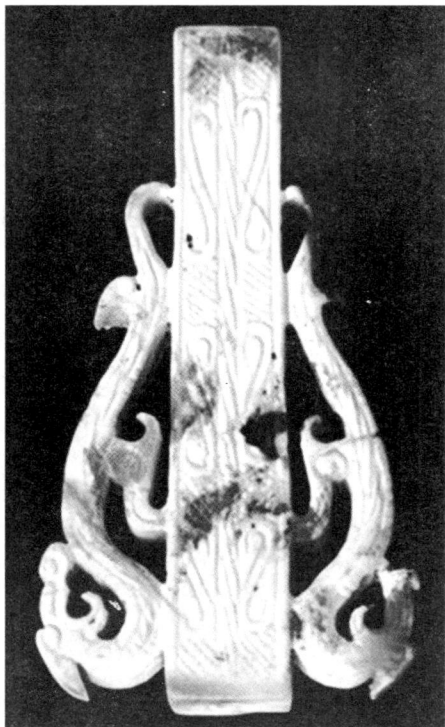

《诗经》在春秋时代的社会作用，不只是艺术的，更重要是政治的、实用的。

《诗经》的社会作用主要体现在诗教上面。当诗与乐相结合，共同组成了周代社会的政治制度时，诗配合乐，起到了调试等级制度，讽谏政治的作用。当诗与乐分离后，诗与史相结合，代表了圣人之志，通过对王道社会史实的褒贬歌颂，以起到教化人生、教化社会的作用。孔子设课的主要用意也在这里。所以他说："小子何莫学夫《诗》！《诗》可以兴，可以观，可以群，可以怨。迩之事父，远之事君；多识于鸟兽草木之名。"即大家怎么能不学《诗》呢！《诗》可以激励人心，可以了解社会，可以共同思想，可以针砭政治。在家可以孝敬父母，出外可以供职于君王，还可以认识许多动植物的名称。因此到了汉代以后，

"兴、观、群、怨"这四个字, 就成了旧经
学家探讨《诗经》的总纲领, 也就是所谓
的"诗教"。总之, 《诗经》的作用是重要
而特殊的, 是其他经典所无法取代的。

七、"唐虞文章，则焕乎始盛"
——《书》

　　《尚书》是一部不完全的我国上古
史料汇编，它是我国进入文字记载的历
史时期以后，最早的三个王朝夏、商、周
的最高统治者的一些政治活动和言行等
的历史记录文献。其内容大体包括三个部
类：一类是君主对臣民的训词和誓词；一
类是臣下对君主的劝告或建议；再一类
是其他古史传说资料。所以，《尚书》是
研究我国原始社会和奴隶社会的宝贵资

料，所以一千多年以来，《尚书》又成了我国封建社会的"大经大法"、封建帝王的施政总纲。

（一）《尚书》的流传

这些上古的史料是怎样流传下来的呢？据《汉书·艺文志》记载，我国自古就有给帝王、诸侯的言行作记录的史官。史官分"左使"和"右使"，一个"记言"，一个"记事"，各有职责。远古的史料就是通过这些言行记录保存下来的。大体说来，记事的资料汇编相当于今天的"大事记"，《春秋》就是这种性质的文献；记言的资料汇编相当于今天的"言论集"或"语录"，《尚书》就是这种性质的文献。

"书"就是古代史官的文献记录，后来专指有关上古帝王的言行、事迹、命令、诰词等文献。"尚"指的是上古时

代，所以《尚书》是上古时代的历史文献。

《尚书》既然是古代史官所记，必然篇目很多，为什么只有现存的十几篇流传下来呢？传统的说法是经过了孔子的删削。

《纬书集成·尚书纬》中说："孔子求书，得黄帝玄孙帝魁之书，迄于秦穆公，凡三千二百四十篇，断远取近，定可以为世法者百二十篇，以百二篇为尚书，十八篇为中候。"

从先秦古籍所引用的《尚书》文句看，有许多篇章是今本《尚书》所没有的。其中知道的篇名就有32篇之多，其他可以考知属于《尚书》的文句大约还有几十篇。这样看来，先秦实际存在的《尚书》篇章至少应该在百篇以上。孔子是曾经拿《尚书》作历史教材的。但是，他当时选了多少篇？当时还保存着多少？都是什么？这些，现在都已经无法确知了。《汉书·艺文志》说孔子整理过一百篇《尚书》，应该说虽然"查无实据"，但还是

"事出有因"的。不过,我们今天所能见到的定本《尚书》只有58篇,也就是明代《四书五经大全》所收宋代蔡沈德《书集传》和《十三经注疏》所收孔颖达《尚书正义》中的58篇经文。

《尚书》虽然是历史文献,但从中也可以分析体会出那个时代的世界观和政治文化思想。尧舜禹夏商时代,人们的思维水平还处在历史经验阶段,笼罩在宗教迷信的气氛下,没有上升到理性的层面。古老的中华民族在经过漫长而艰难的生产实践和社会实践后,创造了辉煌灿烂的西周文明,奠定了传统文化和民族精神发展的基本范式。

(二)《尚书》中的"畏天"观念

"天"是中国思想发展史上最为古老、最为重要的思想范畴,它是中华文明宇宙观的核心概念。在原始时代,人们看到头上的天空笼罩一切、覆盖一切，天空中的自然现象主宰和影响着人间的一切，于是人们产生了对"天"的崇拜。

《尚书·皋陶谟》说："天叙有典，勅我五典五敦哉；天秩有礼，自我五礼有庸哉。同寅协恭和衷哉。天命有德，五服五章哉；天讨有罪，五刑五用哉。"古代的中国人认为，社会上的一切上层建筑都是天意的体现，所以，人们才会服从和遵守。这个时候的天就是人所生存、所依赖的外界的大自然；随着对自然的征服和社会组织的完善，天成为自然和社会的主宰，社会权力的来源、政治的治乱、上层建筑及其意识形态的产生，都是由天决定的。人类社会是离不开天的，但天又是无形无相的、无把握的，于是人们遵循原始的崇拜意识，产生了"畏天"的观念。

"畏天"的观念主要指夏商周时代，人们不理解社会历史的变革而产生的对宇宙主宰的恐惧心理。赢得天命是伟大

的，但亦会带来无限的忧虑。周公通过对以往历史发展的详尽分析，认为天命可"畏"，"天命不僭"，但天命是会转移的，天佑明德，只要统治者荒淫无道，必然会失去天命。只要统治者小心谨慎，明德慎罚，敬畏天命，必然会赢得天命。所以，必须要敬德。"畏天"的目的就是为了"敬德"，为了告诫统治者不可随心所欲，残害百姓，否则就会失掉天命，失掉统治。

由对天的崇拜到"畏天"观念的产生，是民族精神发展的进步和深化，因为对天的崇拜完全没有人的自由和自觉实践的空间，而畏天则蕴含着敬德的思想，畏天和敬德是不可分割的两个概念。西周的统治者周公总结了以往的历史经验教训，提出了系统的统治思想，建立了完善的宗法社会制度，这就是被儒家奉为理想典范的"周礼"。

"畏天"和"敬德"就是周礼的核心观念。周礼包括社会制度和意识形态，二者是密不可分的。

在春秋战国时代，《尚书》的作用是十分重要的。因为在此之前，中华民族所创造的一切社会人士经验都保存在《尚书》之中，中华民族精神的起源和"百家争鸣"的产生，都紧紧围绕着上古三代历史而展开。不仅如此，《尚书》最重要的意义还在于，它是儒家产生的理论来源和信仰依据。先秦儒家的两个基本观念："礼"与"仁"，就是对尧舜禹夏商周历史自觉反思的结果；其对王道的追求和士君子的自我意识，就是《尚书》本身几个基本观念的必然发展结果。正因为如此，《尚书》成为先秦儒家最重要的文献，言必称诗书、言必称尧舜，成为儒家的标志。伴随着儒学的影响和地位的扩大与上升，儒家所理解和阐释的《尚书》成为公认的历史文献，流传至今。

八、"八卦以象告，爻象以情言"——《易》

　　《周易》是一部奇书，在五经之中它产生的时代最为古老。早在原始社会，人们就有了卜筮的传统，在后人的心目中，《周易》的地位也最为重要。《周易》乃大道之源，举凡天文、历法、医学、养生、哲学、政治、宗教等传统的学科无不以《周易》为理论基础。

　　《周易》本是一部通过算卦以预测吉凶的古老之书，在传统社会，它被神话为蕴涵天地奥秘的经典，成为一切学科与文化的理论基础和最终的归宿所在。

《周易》是一部讲卜筮的书。卜筮就是算卦，本来"卜"和"筮"是两种算卦的方法。"卜"是用一种特定的工具钻灼龟甲、兽骨，根据甲骨上出现的裂纹形态来判断吉凶，然后把结果刻在甲骨上存档备查。甲骨文也叫"卜辞"。"筮"是用蓍草来算卦，据说是用49根蓍草随意分成两份握在两只手里，然后再按一定的要求分成若干份儿，根据其数目组合的奇数偶数关系确定"阴"和"阳"，然后画出卦来，判断吉凶。《易经》讲的就是筮法算卦。殷人用龟卜；周人则龟卜、筮占并用。因为筮法是从西周发展起来的，所以《易经》又叫《周易》。《周易》把历史上长期累积的资料、经验加以综合、概括，使各种数目组合类型化、理论化，作为算卦的人判断、说明吉凶祸福的依据。这就是《周易》的原始性质。

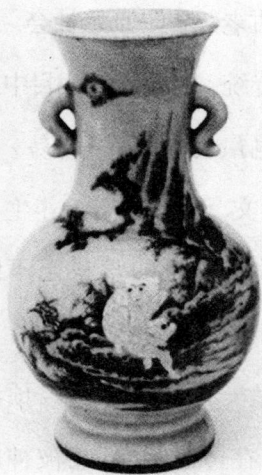

（一）《周易》的"阴""阳"理论基础

《周易》的理论基础是"阴"和"阳"这样一对矛盾对立的概念，分别用两条短线表示。一条线中间断开，画成"--"代表"阴"；一条线不断，化成"—"，代表"阳"。这两条线就是《周易》讲卜筮的基本符号。

根据《周易》的观点，宇宙间万事万物，人世间一切现象，无不可以抽象为阴阳两大类。比如：地为阴，天为阳；月为阴，日为阳；低为阴，高为阳；里为阴，表为阳；偶为阴，奇为阳；女为阴，男为阳等等。因此"--""—"两个符号可以代表宇宙和人世的一切。

古人观察世界的构成还有一个着眼点，就是上有天，下有地，中间有人事活动。古人把这三者称为"三才"（表示天地人三界），所以把阴阳两个符号按各

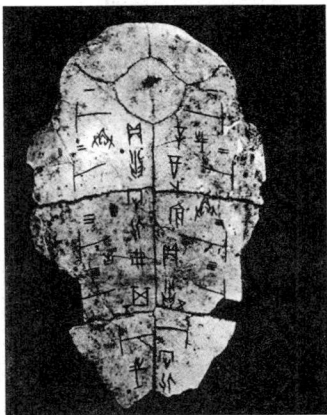

种排列法叠为三层,可以得到八种组合。每一种组合叫一个"卦",八种组合就是"八卦",再给每个卦起一个名字,即乾、坤、巽、震、坎、离、艮、兑。八卦各有自己所代表的自然现象。据《周易·说卦》的说法是:"乾为天,坤为地,震为雷,巽为风,坎为水,离为火,艮为山,兑为泽。"这是最基本的也是最原始的代表关系。到后来又逐渐增加了许多代表关系,如方位、季节、人体、动物、伦理关系等等。一个卦所代表、象征的这些物象就叫做"卦象"。八卦还可以体现各种性质,例如:乾——刚健;坤——柔顺;震——启动;巽——进入;坎——下陷;离——依附;艮——静止;兑——喜悦。这些卦象的性质叫做"卦德"。

但是八个卦毕竟是有限的,为了体现更多更复杂的事物关系,后来又把八个卦两两重叠

起来，成为八八六十四卦。重叠以后的六十四卦叫"别卦"，构成六十四别卦的原来的八个卦叫"经卦"。每个别卦都是由上下两个经卦组成的。简单地说，一个别卦就是一套符号组合。把阴阳两个符号摆六次为一组，共得六十四种符号组合，这就是一部《周易》的总纲。《周易》讲卜筮的全部道理就蕴涵在这六十四种符号组合之中。

关于《周易》产生和形成的过程，旧说"伏羲氏"画八卦；周文王重卦并且推演之，作卦辞和爻辞；孔子作十翼。这就叫"《易》历三圣"。当然这只是一种传说。

根据近代许多学者研究，经文里的卦辞、爻辞部分，完成于西周早期。因为首先从语言上看，比较简古，许多地方似可解似不可解，尤其是卦

辞，与商代甲骨文字颇有相似之处。"十翼"的产生大大晚于经文。晋朝的时候曾经发掘过战国时代魏襄王墓，出土许多竹简，其中有《周易》及《纪年》等古籍。当时的学者杜预曾见过这批文物，据他说："《周易》上下经与今正同，别有《阴阳说》，而无《彖》《象》《文言》《系辞》，疑于时仲尼造之于鲁，尚未播远国也。"可见，古《周易》上并无"十翼"。

从文献学的角度看，我们毋宁说《周易》的"经"和"传"实质上是两种性质不同的材料。"经"(六十四别卦及其卦辞、爻辞) 是萌芽于远古而编成于西周早期的卜筮书，它反映了殷末周初这个时代的思想。"传"(十翼) 是从战国开始撰集而完成于汉初的哲学理论汇编，它反映了从战国到汉初这个时代的思想。这两者有联系而又有区别。我们研究《周易》必须有这样一个时代的观念。否则，不是把商周奴隶社会的思想强加给秦汉封建社会，就

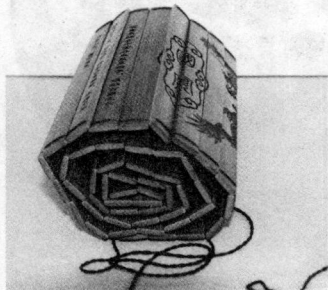

是把秦汉封建社会的思想强加给商周奴隶社会，这都是不科学的。

《周易》用阴阳解释卦象，进而用阴阳说明社会人生的一切现象。阴阳是《易传》解释《易经》的基本范畴，将占筮的两种基本图式理解为阴阳两种性质，进而用阴阳两种性质解释六十四卦，解释整个宇宙的奥秘。

是故易有太极，是生两仪，两仪生四

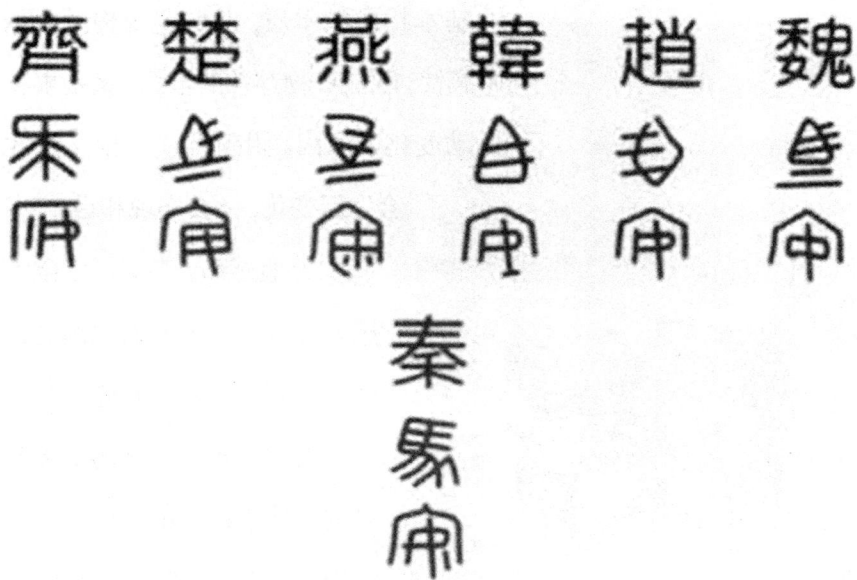

象,四象生八卦,八卦定吉凶,吉凶生大业。

卦象的结构和变化与宇宙的结构和变化发展是一样的,世界的构成和天道的运行就是由一阴一阳构成的。在古代的中国人看来,一切事物和现象都是由阴阳两种性质构成,阴阳相互依存构成了事物的永恒变化,阴阳的相互协调构成了事物和整个世界的生存和发展,这就是"一阴一阳谓之道"。所以阴阳既是事物的基本构成和本质,也是事物构成的基本属性;既是事物存在的根据,又是事物运动变化的原因。阴阳必须互相交感才会发展变化,才会实现和谐。

天地感而万物化生,圣人感人心而天下和平;观其所感,而天地万物之情可见矣。

总之,天道是永远变化不息的,天道是有规律可循的,《周易》的六十四卦就是向人们展示天道变化的原理和吉凶的。易就是变化的意思。中国人的世界观是强调变化的，世界是生生不息的，天地四时的变化就是促进万物的生长发育的，人生的本质和目的归根到底也就是生生，这就是《周易》天道观所揭示的宇宙的本质。

（二）《周易》的辩证法的思想

在《周易》中，还蕴涵了十分丰富的辩证法的思想。

卜筮本来是一种迷信，是神权统治的产物。但是它还有另外一个方面：卜筮是要有结果的，人们是要求它灵验的。这就提出了新的问题，古代的卜筮者怎么解决这个问题呢？原来，人类从

自己长期的生产实践和社会实践中，能够看出客观世界某些事物、现象、行为的内在必然联系。比如，有什么前因就会出现什么后果，具备什么条件就会出现什么结局等等。日积月累，这些建立在人类长期生活经验基础上的规律性，就会自觉不自觉地反映到人们的头脑中来。而卜筮的人从过去大量的卜筮材料中往往能看出这种规律性。经过卜筮者的分析、概括，再加上他们自己丰富的生活经验，就可以凭借这种规律性的东西指导人们的行为，告诉人们怎样趋吉避凶，趋利避害。于是，许多卜筮的结果似乎也就具备了"灵验"的因素了。这种规律性不是别的，就是无时不有、无所不在的科学真理——辩证法。从卜筮的迷信活动出发竟然可以引导出科学的理念来，其原

因盖出于此。

辩证法的基本观点就是：世上万事万物都是对立统一的，并且无不在一定的条件下朝它的相反方向转化。比如《泰》九三爻辞说："无平补陂，无往不复。坚贞无咎。勿恤其孚，于食有福。"意思是说：没有平地就无所谓山坡；没有去也就无所谓来。这就是告诉问卜的人：世上没有永远的平安，事情总会有不顺利的时候。沧海化桑田，桑田化沧海，这是规律。但是只要坚持正道（坚贞），就不会有祸事。不要患得患失，担心（恤）自己的诚意（孚）得不到好结果，生活是会幸福的。其中"无平不陂"，"往"与"复"是相对的，可以互相转化的。盛极必衰，否极泰来，这是一条定律。只有认识这种必然性，处变不惊，创造条件，才能转危为安。

再如《乾》九三爻辞说:"君子终日乾乾,夕惕若,厉,无咎。"意思是说:有权位的人如果每天发奋自强(乾乾),夜晚也不失警惕(惕若),虽然处境险恶(厉),也没有灾祸。在这里,"无咎"这个判断是有条件才能逢凶化吉,转祸为福,才会"无咎",否则不行。

"条件"是事物存在和转化的前提。所以《周易》中的许多吉凶判断都是根据条件来说话的。我们常说:"一切以时间、地点、条件为转移。"这就是辩证法的道理。《周易》的经文显示出殷周时代的人已经有了这种辩证法思想的萌芽。

到了战国时代,由于社会的大动荡,《周易》中的这种辩证法思想在《系辞》中有了长足的发展。《系辞》的作者在《周

易》中使用了"道"的概念作为理论的起点，并且提出了"一阴一阳谓之道"的命题。意思是一阴一阳的对立变化就叫做"道"。反过来说，"道"就是阴阳的对立变化。所以它说"刚柔相推，变在其中。"

《系辞》中又提出一个关于"易"的解释，说"生生之谓易"。反过来说，"易"就是万物的生成转化。所以它又说"天地之大德曰生"。

由此可见，根据《系辞》的观点，"道"和"易"本来是一回事。也就是说，基于阴阳对立的万事万物的发展变化，生生不息就是"道"，或者叫"易"，也就是宇宙间普遍规律的意思。《系辞》认为，正是这个普遍规律支

配着自然界和社会的一切，当然也支配着人世的吉凶祸福。

"一阴一阳之谓道"，"刚柔相推，变在其中"，这本来是道家的理论。而"生生之谓易"，"天地之大德曰生"，却来自儒家"仁爱"的观点。《系辞》引进道家的理论与儒家的观点相结合，用来解释《周易》的根本性质，这是对《周易》辩证法思想的一个根本性的发展，把它提到了新的理论高度。所以《系辞》中充满了"变"的观念，处处用"变"的观点来阐述《周易》的思想。它告诉人们，《周易》的道理就是"穷则变，变则通，通则久"（走到了尽头就要变革，变革了就行得通，行得通则可以维持得久）。这就是说，世事的变化迁移是一定之理，一切都不是静止的，人只能适应环境的变化，而不能死抱一本老皇历。它指示人们，一切行为要有法度，时时处处要自知警惕，就可以趋吉避凶。

　　总之，《周易》是一部奇书，它既是儒家的经典，又是传统文化各个流派所共同尊奉的经典；既是哲理之书，又是卜筮之书。《周易》给我们提供了一种人类的认知范式，它不仅构成了传统科学研究的理论模式和思维方式，而且它又是中华民族认识宇宙、人生的理论根据，是中华文明独特的宇宙图式。时至今日，《周易》在我们现实社会中的方方面面还有着影响和作用。

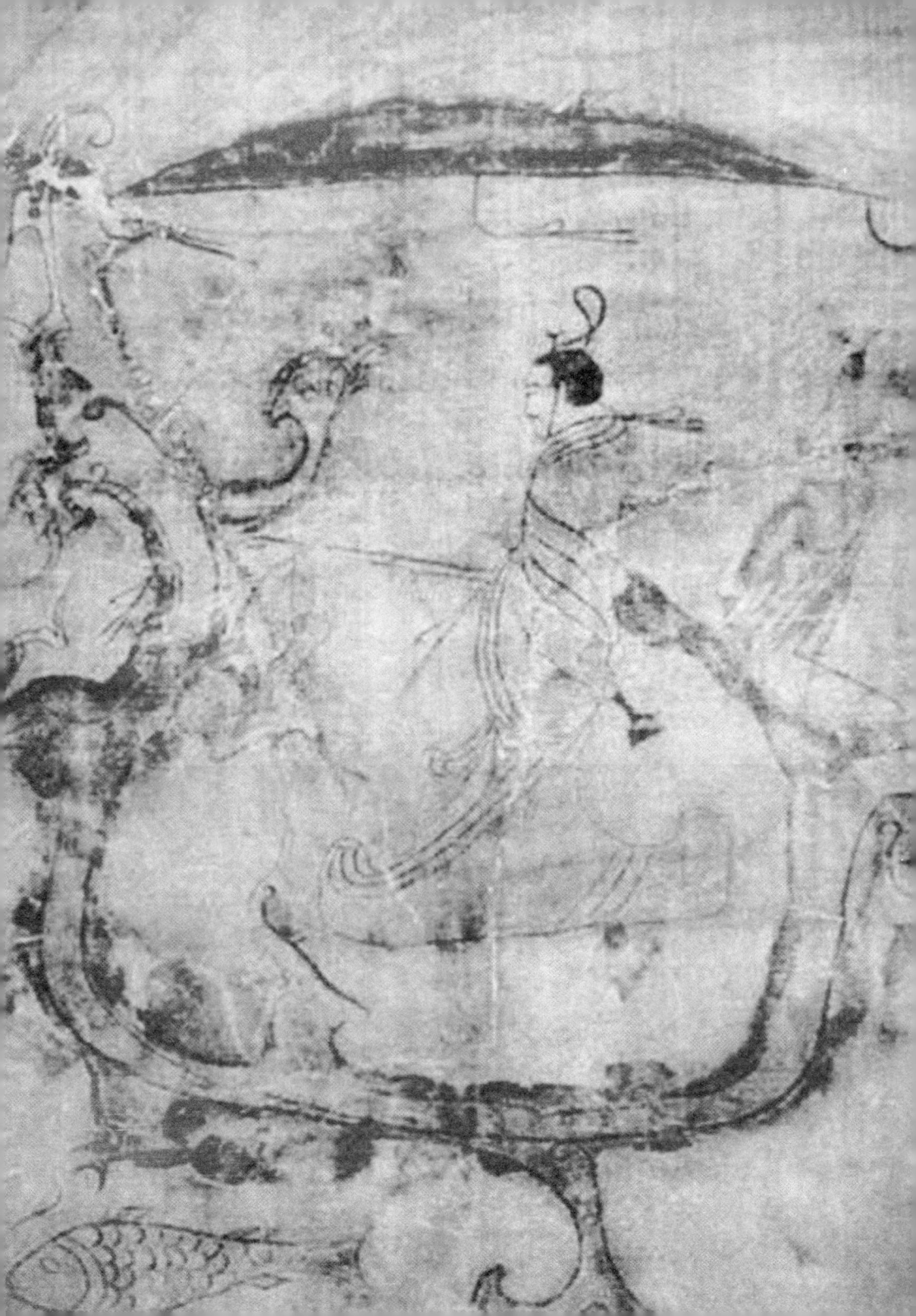

九、"礼乐之说，管乎人情"
——《礼》

　　"三礼"通常指的是《仪礼》《礼记》和《周礼》。其中《周礼》被认为是古文经，《仪礼》为今文经，《礼记》则今、古文相杂。"三礼"的中心就是论述礼的制度、规范和意义，以及实现礼的途径等。

（一）《周礼》记述的古代政治制度

《周礼》是西汉早期发现的先秦古文经，原名《周官》。《经典释文·叙录》说："王莽时刘歆为国师，始建立《周官经》（博士），以为《周礼》。"《周礼》被认为是古文经的正统所在，但它的出现与承传都不很清楚，自刘歆争立古文经博士以后，《周礼》才引起人们的注意。

《周礼》这部书的内容，简单说就是记述周王朝中央分别以"天官、地官、春官、夏官、秋官、冬官"为名的六部官制。但是，汉初发现它的时候只有五篇：《天官冢宰》《地官司徒》《春官宗伯》《夏官司马》《秋官司寇》，"冬官"根据生产的线索，用一本讲手工业生产的《考工记》来充数。因此现在看到的第六篇题目叫《冬官考工记》。所以，《周礼》是一部残缺的书。倒是《考工记》这部可贵的古代

技艺学著作因此而流传下来。

　　过去古文经学家说《周礼》是周公作的，今文经学家又说它是刘歆伪造的，都没有根据。一般认为是战国人根据古代的资料写成的。但是也有人根据它的语言文字特点来推断，它应该作于东周初期，距今已有两千五百余年了。

　　《周礼》在经学内部占据重要的地位，是古文经学的代表，在历史上它也曾发挥过重大的作用。《周礼》六官的建制

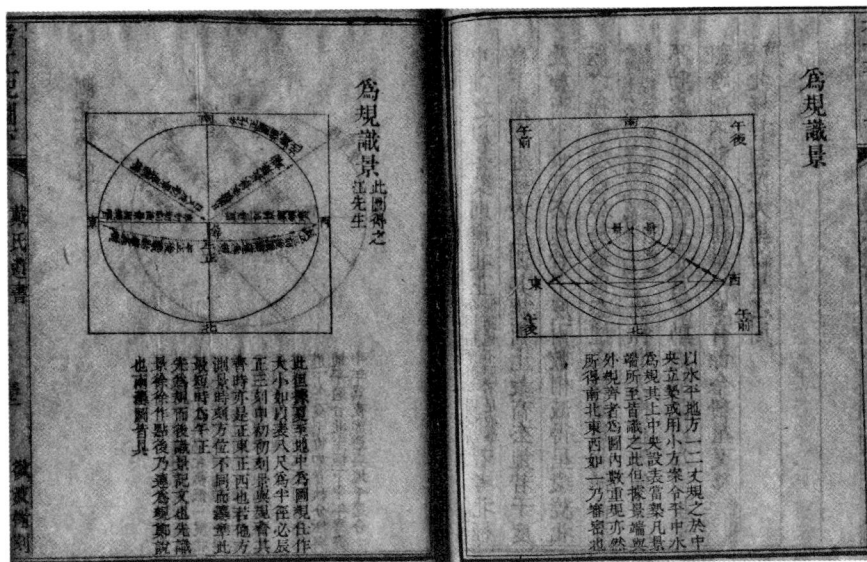

对我国历代王朝有相当大的影响。传统社会的官制建设都参考《周礼》，例如隋唐以后直到明清，中央政府的"吏部、户部、礼部、兵部、刑部、工部"这六部建制，和《周礼》的六官一一对应，这绝不是偶然的。其次，历史上几次重大的变法行动都是依据周礼展开的，例如王莽变法、苏绰定制、王安石变法等，我国近期的官制也有许多是采自这部书的。

（二）《仪礼》记述古代礼俗

"三礼"中在西汉立于学官的是《仪礼》，五经中的"礼"指的就是《仪礼》。《仪礼》在汉代只称《礼》。因为主要讲士大夫阶层的礼，所以又叫作《士礼》，相对于《礼记》而言又称《礼经》。《汉书·艺文志》说："汉兴，鲁高堂生传《士礼》十七篇。"这就是今本《仪礼》的最早来历。因为这部礼书主要讲"冠、昏、丧、

祭、饮、射、朝、聘”等典礼的仪注、程序，所以晋朝以后称为《仪礼》。

《仪礼》在汉朝有今古文之分。据《汉书·艺文志》记载，《礼》有今文经17篇，古文经56篇。今本《仪礼》就是17篇今文经，古文经已经失传。《仪礼》相传是周公所作，那是没有根据的。但《礼记·杂记下》说："恤由（人名）之丧，哀公使孺悲（人名）之孔子（到孔子那里去），学《士丧礼》，《士丧礼》于是乎书（写下来）。"

可见，《仪礼》所收材料很早，孔子教学生演习礼仪，用的应该就是这些材料。因此，《汉书·儒林传》说孔子"缀（整理）周之礼"是有根据的。

（三）《礼记》反映的儒家礼治主义

先秦时代还没有《礼记》这样一部定型的专书，那时只有许多阐释《礼仪》的材料，此外还有许多关于"礼"的论文、杂记，这些散篇文字统称为"记"，就是"记述""笔记"的意思。"记"的原始形式大概多数是以附记的方式写在经文后边。今本《仪礼》中许多篇章之后都附有这种解说性文字。

"记"在先秦是不少的。但经过秦以后，传到后代的已经有限了。《汉书·艺文志》所记只有"《记》百三十一篇，七十子后学者所记也"。《礼记》为"记"，不是"经"，乃孔子七十二弟子后学所作，是先秦到汉初儒家思想资料的汇编。《礼记》在两汉没有立于学官，它之所以被以后的社会和学者列入"十三经"中，是因为它通俗易懂、阐释详细，若无《礼记》的解释，《仪礼》的规定和先秦儒学的具体内涵是无法得其详的。旧说西汉礼学家戴德编过一个85篇的选本，人称《大

戴礼记》，简称《大戴记》。戴德的侄儿
戴圣编过一个49篇的选本，人称《小戴礼
记》，简称《小戴记》。但是经过后代学
者研究，其中既有今文家说又有古文家
说，而西汉传经家法森严，不会今古文混
编，所以怀疑这两种选本东汉人曾经改
编过。但无论怎样，这两部书是今天仅见
的汉代选本。《大戴记》尚存38篇，有注
本行世。《小戴记》就是《十三经注疏》
中的《礼记》，49篇全存。《礼记》在经学
中的地位不高，但在我们现代的经学研
究中，《礼记》却是我们研究早期儒学和
"三礼"的重要典籍。

　　《礼记》是一部儒学资料汇编，所
以其内容很杂。大体说可以分为三类：一
类是理论文章。如《礼运》讲儒家礼治
思想，《学记》讲教育的重要性，《乐记》
讲音乐的社会作用等等。第二类是关于
各种礼仪、礼制、礼节、守则的杂记。比如
《祭义》讲祭祀的根本意义在于"敬"，

《昏义》讲婚姻的作用在于"合二姓之好"等等。再一类是有关礼和礼治的逸闻、故事。如《檀弓》里讲孔子的弟子对"丧欲速贫，死欲速朽"的争论。此外还有两篇像《仪礼》那样记述礼法的文字，即《投壶》和《奔丧》。所以《礼记》很像一本礼学杂志。

《礼记》尽管杂，却有一个贯穿全书的主旨，那就是儒家的礼治主义，也就是儒家以礼治国的思想。儒家认为，远古时代"天下为公"，那时人没有私欲，一切都很美好。后来天下被君主私家占有，就产生了种种社会弊端。为了维持封建秩序，就规定出种种礼法来约束人们的行为，所以社会也还算安定。但到了春秋时代，由于社会动荡，旧的礼法不起作用了，在儒家看来就叫"礼坏乐崩"，天下大乱。为了扭转这种局面，就要恢复（古代主要是西周）礼法，加强礼制教育，以期维护封建宗法关系而求得社会安定。这就是儒

家礼治主义的基本思想。

为了贯彻礼治主义，儒家给各种礼都定了特定的社会意义。比如结婚本来是爱情的归宿，但是从礼治主义的立场看，性质就不同了。《礼记·昏义》说："昏礼者，将合二姓之好，上以事宗庙，而下以继后世也，故君子重之。"至于青年人的爱情、幸福等是根本不去考虑的。

《礼记》把礼治的作用讲得非常明确。《礼运》篇说："夫礼，必本于天，肴于地，列于鬼神，达于丧、祭、射、御、冠、昏、朝、聘，故圣人以礼示之，故天下国家可得而正也。""礼者，君之大柄也……所以治政安君也。"意思是说：礼是根据天理，效仿地德而制定，要布列于鬼神，贯彻到冠礼、婚礼……中去。圣人用礼指导一切，国家就可以走上正轨。礼是君主的重要工具，是用来治理国家、巩固统治地位的手段。

《经解》篇又从反面论述："夫礼，

禁乱之所由生,犹坊止(防止)水之所自来也。故以旧坊(旧的堤坝)为无所用而坏之者,必有水败(水患),以旧礼为无所用而去之者,必有乱患。"儒家把礼看做防止动乱的堤坝,毁了堤坝就要发生水灾,废了古礼就要发生动乱。《礼记》从正反两方面把礼治主义发挥得淋漓尽致,这就是一部《礼记》的总纲领。

伴随着对礼的阐述,《礼记》里也表述了许多精粹的思想。《礼运》篇说:"大道之行也,天下为公。选贤与能,讲信修睦。故人不独亲其亲,不独子其子。使老有所终,壮有所用,幼有所长,矜寡孤独废疾者皆有所养。男有分,女有归。货恶其弃于地也,不必藏于己;力恶其不出于身也,不必为己。是故谋闭而不兴,盗窃乱贼而不作。故外户而不闭。是谓大同。"

就是说:在大道实现的时代,天下公有。那时选举贤明的人主政,讲究信义,

倡导亲善。所以人们不只爱自己的父母，不只疼自己的子女，而要让老人都能安度晚年，青壮年都能有所作为，儿童都能得到抚育，孤儿孤老和残疾人都有生活保障。男人有事干，女人有婆家。财物怕的是弃置浪费而不是归自己所有；劳动力怕的是不得发挥而不是为自己谋利。因此就不会有人搞阴谋，偷窃、叛乱、害人的事也不会发生，晚上连大门也用不着关闭。这就叫"大同社会"。

这种"天下为公"的"大同"思想，反映了中华民族的祖先对美好社会的向往，它给后世立志于改造社会的志士仁人提供了丰富生动的思想材料。

《礼记》也反映了儒家学派对某些社会科学的理论作过深入的讨论。比如《学记》篇论教育学说："虽有佳肴，弗食，不知其旨也。虽有至道，弗学，不知其善也。是故学然后知不足，教然后知困。知不足，然后能自反也；知困，然后能自强

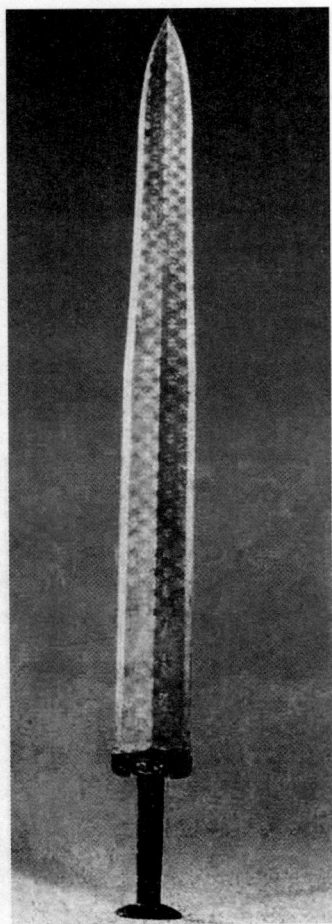

也。故曰:教学相长也。"这段话的大意是:即使有美味佳肴,不去品尝,就不知道它的味道鲜美;即使有最好的方法,不去学习,就不知道它的益处。所以,学习以后就会知道不足,教学以后就会知道困难。知道不足,然后就能反过来要求自己;知道困难,然后就能自强不息。所以说:教与学互相促进。"教学相长"的理论,至今还是教育学上的至理名言。

总之,《礼记》这部书,精华与糟粕并存,神气与腐朽杂陈,需要我们认真研究,取其精华,去其糟粕。

从一般的社会属性来说,"礼"是一种行为规范,也是一种文化形态,它反映着社会精神文明的水准。我国素有"中华礼仪之邦"之称,如果排除儒家的封建宗法观念,代之以新社会的人际关系,爱国爱民、廉洁奉公、敬老尊贤、尊师重教、先人后己等一系列"礼"的合理内涵,正有待我们发扬光大。

十、"圣文之羽翮，记籍之冠冕"——《春秋》

《春秋》是鲁国的史书，也是世界上最早的一部编年史，它记载着从鲁隐公元年，即东周第一代君主平王四十九年（公元前722年），到鲁哀公十四年，即周敬王三十九年（公元前481年），这二百四十二年间鲁国和其他诸侯国以及周王室的重要事件。因此，我国历史上把这个时代叫做"春秋时代"。

编年史是按年月日记事的史书形式。

《春秋》这部编年史的记事非常简单，一件事一句话，相当一部大纪年表，所以记述二百四十二年的史事才用了一万六千字左右。

"春秋"这个词相当于今天的"历史"的概念，是当时各国史书的统称。所以《墨子》上有"周之春秋""燕之春秋""宋之春秋""齐之春秋"等说法。

"春""秋"是一年四季（古代称"四时"）中两个最重要的时节。春种秋收是一年中的大事，秋收完毕，一年的大事就算了结了。所以古人就用这两个季节的名称代表一年的过程。编年史的书就叫做"春秋"。今本《春秋》是鲁国史书名，因为是本国人记国事，所以只用"春秋"两个字就够了。

鲁国是周武王的弟弟周公旦的封国，但是从周公之子伯禽到鲁国当国君，到隐公的父亲惠公，这十二代国君几百年间的记载全部无存。所以《春秋》是一部不完全的鲁史。尽管如此，它还是给研究我国公元前5至8世纪的历史，提供了丰富的史料。

（一）《春秋》中的丰富史料

《春秋》不但记述了大量的古代战争、盟会、政变、兵制、刑法、赋税、礼制、宗法、婚丧等人事方面的资料，而且记述了大量的天象、地理、地震、灾害等自然现象的资料。《春秋》的价值就在于此。下面举两个例子："（宣公）十有五年……秋……初税亩。

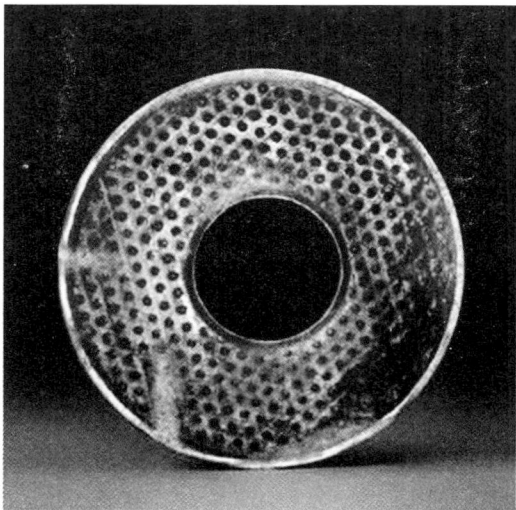

冬，蝝生，饥。"其大意是说：宣公十五年……秋季……开始按田亩数量征税。冬季，出现蝗蝻，闹灾害。这条记载说明从宣公十五年（公元前622年）秋天起，鲁国开始实行按个人占有的田亩数量征税。过去土地的所有权归以周王为首的各级奴隶主，从事农业生产的奴隶式土地的附属品，奴隶主可以连同土地一起作为赏赐或礼品送人。即《诗经·小雅·北山》："普天之下，莫非王土。率土之滨，莫非王臣。"

现在土地所有者向土地使用者按田亩数征税，说明生产关系起了变化，奴隶主和奴隶关系变成了地主和农民的关系。生产关系的变革决定了社会制度的变革。所以，从初税亩这条记载中，我们可以看到当时的中国社会正在从奴隶制向封建制转化。

在自然现象方面，《春秋》记载日蚀36次，根据现代天文学追算，其中有33次都是准确无误的。此外还有许多珍贵的天文记录。如："（庄公）七年……夏，四月，辛卯，夜，恒星不见。夜中，星陨如雨。"说的是在庄公七年夏天四月辛卯日，傍晚，看不见星星。半夜，陨星像下雨一样。据现代天文学推算，这条记载说的是公元前687年3月16日发生的天琴座附近的流星雨。这是世界上最早的流星雨的记录。再如："（文公）十有四年……秋，七月，有星孛入于北斗。"讲的是文公十四年秋天七月，有彗星进入北斗星座。据推

测，这说的是哈雷彗星。"孛"是光芒四射的意思，光芒四射的彗星也叫做"孛"。这是世界上最早的哈雷彗星记录。

《春秋》记事方式是当时列国编年史共同的体制，而且那时列国之间有把本国发生的大事互相通报的习惯。所以同一件事，各国的记载大体相同。

《春秋》本是鲁国的编年史官所记国史，但旧说为孔子所作。《孟子·滕文公下》："世衰道微，邪说暴行有作，臣弑其君者有之，子弑其父者有之。孔子惧，作《春秋》。"司马迁《史记·十二诸侯年表序》载："孔子明王道，干七十余君，莫能

用;故西观周室，论史记旧闻，兴于鲁而次《春秋》。"

　　因为这两部权威著作的认定，孔子作《春秋》的说法逐步深入人心。但是从上文所述列国史书的体例、文字相同这件事来看，孔子是不应享有《春秋》的著作权的。唐代以后有许多学者对孔子作《春秋》的说法持怀疑态度。宋代的王安石甚至把《春秋》叫做"烂断朝报"（残缺的政府公告）。但也不能说《春秋》和孔子毫无关系。因为先秦的古籍中还有不少地方提到《春秋》和孔子有关，而且《春秋》是孔门课程之一，如果说孔子当年教学生，用的就是这本官修的编年史抄本，在教学中曾经作过某些编改，或有所取舍，但基本上保留着鲁史原貌，也是合乎常理的。但孔子应该不会对国史大删大改。后人的种种记述，无非来自口耳相传。为了提高《春秋》的权威性，有些夸大其词也是可

以理解的。

(二)《春秋》的各种注本

由于《春秋》记事太简单，所以后人作了各种不同的注解本。《汉书·艺文志》著录的《春秋》经文和重要的注本有：《春秋》古经二十篇，经十一卷（公羊、穀梁二家）。《左氏传》三十卷（左丘明，鲁太史）。《公羊传》十一卷（公羊子，齐人）。《穀梁传》十一卷（穀梁子，鲁人）。

《春秋》的"经"和"传"本来是各自成书，别本单行的。《左传》亦称《春秋左氏传》或《左氏春秋》。旧传春秋时左丘明所撰，近人认为是战国初年人据各国史料编成。

左丘明（前556—前451年），姓左丘，名明(一说姓丘，名明，左乃尊称)，春秋末期鲁国人。左丘明知识渊博，品德高

尚，孔子言与其同耻。曰："巧言、令色、足恭，左丘明耻之，丘亦耻之；匿怨而友其人，左丘明耻之，丘亦耻之。"太史司马迁称其为"鲁之君子"。左丘明世代为史官，并与孔子一起"乘如周，观书于周史"，据有鲁国以及其他封侯各国大量的史料，所以依《春秋》著成了中国古代第一部记事详细、议论精辟的编年史《左传》，和现存最早的一部国别史《国语》，成为史家的开山鼻祖。《左传》重记事，《国语》重记言。

　　左丘明是春秋时的史学家，双目失明。春秋时有称为瞽矇的盲史官，记诵、讲述有关古代历史和传说，口耳相传，以补充和丰富文字的记载，左丘明即为瞽矇之一。相传曾著《左氏春秋》，又称《左传》《春秋左氏传》《春秋内传》，与《公羊传》《谷梁传》同为解释《春秋》的三传之一，具有重要的史料价值。但从内容看，该书应成于战国中期，可能是作者假

托左丘明而作。相传《国语》亦出于左氏之手，记录了不少西周、春秋的重要史事，保存了具有很高价值的原始资料。

左丘明的思想是儒家思想，儒家思想在当时较多地反映了人民的利益和要求。在叙述历史事实时，对于那些历史事件鲜明地表现了他的肯定或批判的态度。他所肯定的是那些符合于他儒家观点的东西。他肯定"君义、臣行、父慈、子孝、兄爱、弟敬"（《左传》隐公三年）一类的伦理道德，他也从那些伦理道德的观点出发肯定了"利民"和"卫社稷"一类对人民有利的东西。他批判了那些破坏伦理道德的所谓"贱妨贵、少陵长、远间亲、新间旧、小加大、淫破义"（《左傅》隐公三年）之类的所谓"逆德"，他也批判了统治阶级的骄奢淫逸的败行。这部书在思想上的进步性和局限性都从这些方面表现出来。

《左传》多用解《春秋》，同《公羊

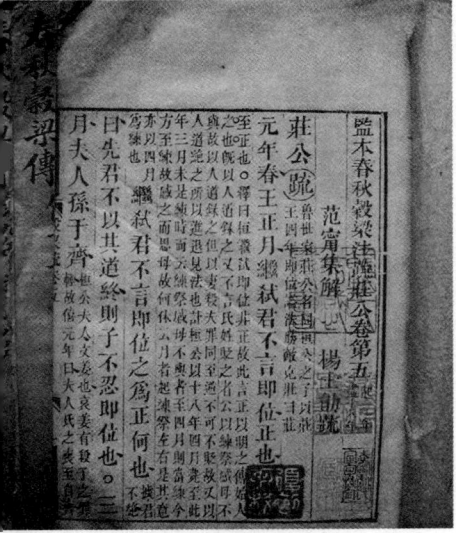

传》《谷梁传》完全用义理解释的有异。其起于鲁隐公元年（公元前722年），终于鲁悼公四年（公元前464年），比《春秋》多出十七年，其叙事更至于悼公十四年（公元前454年）为止。书中保存了大量古代史料，文字优美，记事详明，实为中国古代一部史学和文学名著。本书每与《春秋》合刊，作为《十三经》之一。有西晋杜预的《春秋左氏经传集解》、唐代孔颖达等《春秋左传正义》等。

　　《公羊传》亦称《春秋公羊传》，是专门阐释《春秋》的。起于鲁隐公元年（公元前722年），终于鲁哀公十四年（公元前481年）。旧题战国时公羊高撰。在汉代以前是口耳相传的，汉初才成书。据唐代徐彦《公羊传疏》引戴宏序，说是由景帝时公羊寿和胡母生"著于竹帛"。它是今文经学的重要典籍，着重阐释《春秋》的"大义"，史事记载较简略，历代今文经学家时常用它作为议论政治的工具，是研

究战国秦汉间儒家思想的重要资料。

《谷梁传》亦称《春秋谷梁传》，也是专门阐释《春秋》的。起于鲁隐公元年（公元前722年），终于哀公十四年（公元前481年）。旧题《谷梁赤传》其体裁及流传的方式都与《公羊传》相近。

前人曾经说《左传》传事不传经，《公》《谷》传经不传事。朱熹说：《左传》是史学，《公》《谷》是经学。史学者，记得事却详，于道理上便差；经学者，于义理上有功，然记事多误。

实际上，《春秋》是以史书而加经书之冕，所以"三传"都是讲史，也都是讲经。不过《左传》重在史实，《公》《谷》重在史论。不管史实、史论，对于研究中国的政治史、文化史、学术史、思想史都是很有用的资料。